TRENTE QUESTIONS ESSENTIELLES SUR L'ÉPARGNE ET LES PLACEMENTS

Dans la même collection

Comprendre...

1. *La gestion de patrimoine* - Alain Gérardin
2. *Utiliser l'assurance vie* - Jean-Luc Bengel
3. *Les vraies performances de l'assurance vie-capitalisation* - Jean Jardinier
4. *Les marchés boursiers* - Paul Monnier
5. *Héritage : Comment protéger son conjoint* - Arnaud Simon
6. *L'or* - Eric Bengel - Lydérick Landry
7. *L'héritage et la succession* - Laurent Hamza
8. *Trente questions essentielles sur l'épargne et les placements* - Collectif
9. *Les contrats de mariage* - Henry Royal

COMPRENDRE...

TRENTE QUESTIONS ESSENTIELLES SUR L'ÉPARGNE ET LES PLACEMENTS

Editions de Verneuil

35, rue de Liège - 75008 Paris

ISBN 2-906994-28-6

**OUVRAGE COLLECTIF
PLACÉ SOUS LA DIRECTION
DE JEAN-LUC BENGEL**

AUTEURS :
DANIELLE ARBID, ERIC BENGEL, OLIVIER CONSTANT,
BENJAMIN DAWIDOWICZ, SOLEN DANIEL, QUENTIN DEBRABANT,
LAURENT HAMZA, ALEXANDRE KELLER, ERIC LEROUX,
KARINE LEROUX, PAUL MONNIER, BRUNO PAYS,
JULIEN SORDI, PAUL VINCENT

*CET OUVRAGE REPREND UNE SÉRIE D'ARTICLES ACTUALISÉS
PUBLIÉS PAR GESTION DE FORTUNE,
LE MENSUEL DE LA GESTION DE PATRIMOINE
(EDITEUR : LES EDITIONS DE VERNEUIL)*

INTRODUCTION

L'épargne, cette action qui consiste à placer de l'argent que l'on n'entend pas dépenser dans l'immédiat, est une préocupation capitale pour les ménages. Quelle qu'en soit l'utilisation future, programmée ou non, il convient d'être certain que cette somme d'argent ne subira pas l'effet de l'érosion monétaire. Et aujourd'hui, rares sont encore les épargnants qui se contentent de déposer cette fraction de leurs revenus sur un simple compte courant.

Mais, en France, la gamme des placements disponibles est vaste, notamment en matière de véhicules d'investissements collectifs (sicav et Fcp) et de contrats d'assurance vie (en francs ou multisupports). Comment choisir ? Comment être certain que tel ou tel produit répond effectivement au but recherché ?

Chaque besoin en matière d'épargne est propre à chaque épargnant, ont coutume de dire les professionnels du conseil financier. *Trente questions essentielles sur l'épargne et les placements* vise avant tout un objectif pédagogique. Permettre à tout épargnant, à travers trente questions qui sont autant de pistes de réflexion, de pouvoir cerner au mieux les caractéristiques des grandes familles de placements. Ces caractéristiques, ce sont bien entendu les avantages procurés (rémunération, souplesse, liquidités...) mais également les risques, qu'ils soient financiers, juridiques ou fiscaux.

Dans le but de faciliter la lecture de cet ouvrage, il comporte quatre grands chapitres :

- Juridique : gérer son argent, c'est aussi prendre tout un ensemble de dispositions qui permettront de transmettre ses biens dans les meilleures conditions possibiles *(Questions 1 à 8)*.
- Finance : l'épargne doit procurer des revenus complémentaires, à court ou long terme. Pour cela, les produits varient (actions françaises, sicav internationales, fonds en devises...) de même que le risque encouru *(Questions 9 à 14)*.
- Assurance vie : souple, fiscalement intéressant, le contrat d'assurance vie est un formidable moyen de s'assurer des revenus supplémentaires. A condition de choisir avec justesse son contrat et de bien en cerner toutes les finesses *(Questions 15 à 22)*.
- Immobilier : la pierre est un placement solide, qui nécessite cependant de bonnes connaissances, tant sur le plan des crédits, que de la location, ou de la fiscalité *(Questions 23 à 29)*.

Enfin, la *Question 30* récapitule la fiscalité des principaux placements disponibles en France.

JURIDIQUE

1

Qui hérite et de quoi ?

Mis à part les praticiens du droit notarial, les règles à appliquer lors d'une succession demeurent mal connues.

Les droits de succession sont calculés en fonction de la masse successorale de chaque héritier - c'est-à-dire de ce dont il hérite - et d'un barème particulier selon le lien de parenté des héritiers au défunt. Si ce dernier était marié, le notaire procède d'abord à la liquidation de son régime matrimonial afin d'estimer les droits pécuniaires (et les dettes), et par la suite le montant de la masse. Cette opération consiste à déterminer ce qui appartient à chacun des époux et ce qui appartient à la communauté. La masse successorale du défunt correspond alors au montant de son patrimoine propre, et de sa part de communauté (la moitié de l'actif net, sauf convention matrimoniale plus favorable au conjoint survivant). Il est ensuite procédé au calcul des droits en valeurs de chaque héritier. Cette phase, appelée liquidation de la succession, précède le partage de la succession ; elle détermine les droits en nature de chaque partie. Deux principes guident la liquidation : le rapport, dont le but est d'instituer l'égalité entre chaque héritier présent à la succession, et la réserve, fraction minimale de la succession dont les héritiers en ligne directe ne peuvent être privés. Concrètement, les héritiers ayant reçu une donation sont tenus de la remettre dans la masse successorale. Car la loi présume qu'une donation à un futur héritier n'a pas pour but de l'avantager spécialement vis-à-vis des autres héritiers. Le donataire devra donc, lors du partage successoral, «rapporter» la valeur du bien donné à la masse successorale. Et toutes les donations, y compris le don manuel, sont présumées rapportables. Le rapport se fait normalement en valeur (au jour de la donation), sauf volonté contraire. Pour le calcul de la réserve, le notaire rassemble fictivement toutes les libéralités, c'est-à-dire les legs et les donations faites par le défunt. L'assiette de la réserve comprendra l'actif net des biens laissés par le défunt et les donations, rapportables ou prélevées par anticipation (le préciput). L'actif successoral imposable comprend en principe tous les biens propriété du défunt, quelle que soit leur nature. Sont toutefois exonérés de droits, les biens qui ont fait l'objet d'une clause d'attribution de communauté au conjoint survivant.

> Faut-il tout déclarer ?

Lorsque le défunt était marié, la consistance de l'actif successoral dépend en grande partie de son régime matrimonial.

La déclaration de succession, à remplir dans les six mois qui suivent le décès, doit comprendre tous les biens du défunt, y compris ceux qui sont situés à l'étranger. La double imposition peut néanmoins être évitée en imputant le montant des droits acquittés hors de France sur l'impôt exigible en France, en vertu de conventions internationales. Si le défunt avait son domicile fiscal à l'étranger, les droits de succession sont perçus seulement sur les biens meubles et immeubles situés en France. Enfin, il faut savoir que les biens dont le défunt n'avait plus la propriété apparente au jour du décès sont présumés lui appartenir. Les contrats d'assurance vie sont exclus de l'actif successoral. Ce qui signifie notamment qu'en cas de renoncement à la succession, un héritier bénéficiaire d'un contrat peut en percevoir le capital ou la rente.

> Les abattements

A la part nette reçue par chaque héritier, le notaire applique un abattement variable en fonction du lien de parenté au défunt. Et c'est en fin de compte la part nette après abattement qui sera soumise au barème des droits de succession. Depuis le 1er janvier 1992, le montant de l'abattement pour des successions entre parents et enfants est de 300 000 F par enfant. Si l'enfant a bénéficié d'une donation moins de dix ans avant le décès du parent, il doit imputer le montant de l'abattement déjà utilisé sur le montant du nouvel abattement.

L'abattement sur la part nette d'héritage revenant à l'époux survivant est de 330 000 F. Sous certaines conditions, les frères et sœurs du défunt peuvent aussi bénéficier d'un abattement de 100 000 F. Enfin, l'abattement en faveur des collatéraux ordinaires ou de non parents est de 10 000 F.

> Les premières démarches

Après le décès, un certain nombre de formalités et de démarches doivent être accomplies. Dans les vingt-quatre heures qui suivent, il faut déclarer le décès à la mairie de la commune où il est survenu, muni des pièces suivantes : le certificat de décès dressé par le médecin, une pièce d'identité personnelle, une pièce d'identité accompagnée du livret de famille du défunt. L'officier d'état civil établira alors l'acte de décès, qui établit la mort civile du défunt, et transmet à l'administration fiscale une fiche de décès. Il faut ensuite saisir un notaire, notamment pour l'établissement de l'acte de notoriété, qui certifie la qualité du ou des héritiers. Un certificat de mutation est aussi indispensable aux héritiers pour obtenir le versement des sommes figurant sur un livret de caisse d'épargne ou un compte postal, ou pour faire inscrire à leur nom des valeurs mobilières du défunt.

Les héritiers doivent ensuite réunir divers documents concernant le défunt. Ces pièces seront utiles pour toutes les démarches qui suivent le décès. Tout d'abord, les héritiers doivent constituer un dossier «état civil» du défunt. Pour cela, il est préférable de demander plusieurs copies de l'acte de décès, ainsi que des fiches d'état civil, car ces pièces seront nécessaires pour les formalités ultérieures. Le dossier sera complété par un extrait de l'acte de naissance du défunt, le livret de famille et éventuellement le contrat de mariage.

Parmi les autres documents requis, figurent les titres de propriété immobilière, les titres de propriété d'objets de valeur, les prêts consentis par le défunt, le bilan des entreprises possédées, les actes de disposition du vivant (donations), auxquels s'ajoutent tous les documents de nature bancaire et fiscale (relevés de compte, livrets, plans d'épargne, portefeuille de titres, fiches de salaire, feuilles d'impôts).

> Les héritiers et le conjoint

Chaque héritier a le choix entre trois options. Il peut accepter purement et simplement l'héritage, l'accepter sous bénéfice d'inventaire ou renoncer à la succession. Théoriquement, le délai pour accepter ou renoncer à la succession est de trente ans. Mais, dans la pratique, l'héritier ne dispose que de 3 mois et 40 jours pour se décider. Au-delà, les créanciers de la succession pourront le mettre en demeur de choisir, faute de quoi ils pourront alors être autorisés par le juge à se payer sur les biens de la succession.

Avant de se prononcer, il est essentiel de déterminer avec précision le passif de la succession. De son montant peut dépendre un renoncement de la part des héritiers. En principe, les dettes du défunt subsistent après sa mort. Les créanciers conservent donc tous leurs droits. Au-delà des factures domestiques (charges locatives, factures d'electricité, de téléphone...), le décès entraîne l'exigibilité immédiate des impôts sur le revenu dus par le défunt. Dans les six mois du décès, l'époux survivant ou les héritiers doivent déclarer au centre des impôts les revenus des membres du foyer fiscal entre le 1er janvier et la date du décès, et remplir une déclaration d'impôt pour les revenus perçus par le défunt entre le 1er mars et la date du décès. Les emprunts contractés par le défunt auprès d'une banque sont en général assortis d'une assurance-décès, mais attention, celle-ci ne couvre pas toujours la totalité de l'emprunt. Enfin, les héritiers qui ont accepté la succession sont tenus de payer les legs consentis par le défunt.

La première option successorale, la plus fréquente, est l'acceptation pure et simple. Elle peut être tacite si, par exemple, l'héritier utilise l'argent de la succession à des fins personnelles. Toutefois, les actions destinées à éviter le déperissement du patrimoine n'entrent pas dans le cadre d'une acceptation tacite. L'acceptation suppose que l'héritier accepte de supporter le passif. Autant dire qu'avant de s'y risquer, il devra être sûr que le solde net de la succession (actif moins passif) est positif.

L'acceptation sous bénéfice d'inventaire est une solution plus prudente, mais néanmoins fort coûteuse. Dès lors qu'un héritier choisit cette solution, elle s'impose aussi aux autres. L'acceptation sous bénéfice d'inventaire doit faire l'objet d'une demande déposée au tribunal de grande instance qui désigne un notaire pour procéder à l'inventaire. Le coût de l'inventaire, et de l'expertise s'il y a lieu, sera le plus souvent fonction du montant de la succession. Cette forme d'acceptation permet à l'héritier de n'être tenu des dettes de la succession qu'à hauteur de l'actif successoral dont il hérite. Pour Marie-Jean Roque, l'acceptation sous bénéfice d'inventaire est certes une protection, mais elle est rarement nécessaire : «D'abord, parce que les héritiers ont en général une assez bonne vision de l'actif et du passif. Ensuite, parce que les premières démarches laissent du temps avant une acceptation tacite». L'inventaire s'impose en revanche pour des successions à risque, et notamment pour des transmissions d'entreprise.

Enfin, l'héritier peut aussi renoncer à l'héritage. Il lui suffit pour cela d'informer le greffe du TGI de sa décision, toutefois révocable.

> Le conjoint survivant

Pour Marie-Jean Roque, «la première chose à faire pour protéger son conjoint, c'est de se marier. D'abord, par le décès de l'un des époux survient la dissolution du régime matrimonial, avant même l'ouverture de la succession. Or, les avantages consentis en matière de régimes matrimoniaux ne sont pas taxés fiscalement. Le choix du régime matrimonial est donc primordial. En cas de régime de séparation de biens, il ne se passe rien. Marié en communauté, le conjoint survivant a déjà droit à la moitié de la communauté. Il est aussi possible de modifier son régime matrimonial pour avantager un peu plus le conjoint survivant, en lui donnant, en plus de sa moitié, l'usufruit de certains biens. On peut aller encore plus loin, avec la fameuse clause d'attribution intégrale de la communauté, qu'on greffe souvent à la communauté universelle : le conjoint a alors droit à tout. Et comme ce n'est pas du droit successoral, le conjoint n'est lié ni par la réserve, ni par le fisc. Aujourd'hui, la poche fiscale la plus avantageuse pour le conjoint, ce n'est pas l'assurance vie, c'est le régime matrimonial. Seule limite : les enfants d'un premier lit.» En règle générale, le conjoint survivant n'a pas le statut d'héritier réservataire, mais la loi lui attribue tantôt un droit en pleine propriété, tantôt un droit en usufruit. Il peut se retrouver totalement déshérité, ne disposant d'aucun recours face aux donations et legs consentis par son époux (ou épouse). Inversement, il ne peut prétendre à totalité de la succession qu'en l'absence de descendants (enfants), d'ascendants (parents) ou de collatéraux privilégiés (frères et sœurs).

La part réservée au conjoint varie donc selon le degré de parenté qui lie les héritiers au défunt. S'il y a des enfants, le survivant peut disposer du quart de la succession en usufruit seulement. Cette part s'élève à hauteur de 50 % en présence d'un frère, d'une sœur ou des deux parents du défunt. Enfin, le conjoint survivant peut prétendre à la moitié de la succession en pleine propriété s'il ne reste que le père ou la mère du défunt.

> La saisine légale

Dès le décès, les héritiers légaux deviennent automatiquement titulaires des droits et obligations du défunt, sans accomplir la moindre démarche. C'est le principe de la saisine légale des héritiers, dont bénéficie également le conjoint survivant. Ces derniers peuvent donc entreprendre sur les biens toutes les actions qu'ils estiment nécessaires, en percevoir les fruits et en disposer librement, sous réserve de consentement de la part de tous les héritiers. En contrepartie, ils seront tenus de toutes les dettes de la succession.

Mais attention, la saisine légale des héritiers ne leur enlève pas la possibilité d'accepter ou de renoncer à l'héritage. Toutefois, certains actes sont parfois considérés par l'administration fiscale comme une acceptation tacite de l'héritage. Auquel cas, les héritiers devront supporter tout le passif de la succession, même s'il est supérieur à l'actif.

> Le blocage des comptes

Lorsque la banque prend connaissance du décès, elle procède au blocage de ses comptes (sauf pour les comptes joints), jusqu'au jour où les héritiers se présenteront munis de l'acte de notoriété. Elle adresse ensuite aux services fiscaux une déclaration établie après l'inventaire des avoirs et comptes détenus par le défunt dans l'établissement. Ces diverses opérations ont un coût généralement compris entre 1 000 et 3 000 francs.

2 Peut-on différer le paiement des droits de succession ?

En principe, les héritiers et légataires doivent payer la totalité des droits de succession lors du dépôt de la déclaration de succession. Mais l'Administration fiscale prévoit des facilités de paiement que les héritiers devront exploiter au mieux.

Ils doivent alors en faire la demande dans la déclaration de succession ou dans une note annexée.

> Le paiement fractionné

Il correspond à un crédit sur les droits à payer demandé au Trésor public. En principe de cinq ans au plus, avec échéances de remboursement tous les six mois, le délai de paiement peut aller jusqu'à dix ans pour des héritiers en ligne directe ou le conjoint survivant, si l'actif successoral comprend au moins 50 % de biens non liquides. Pour en bénéficier, les héritiers doivent fournir dans les trois mois qui suivent le dépôt de la demande une garantie pour un montant au moins égal à celui des droits exigibles et des intérêts.

Le premier versement intervient au moment du dépôt de la déclaration. Les autres dépendent de la part représentée par les droits à payer par rapport au montant de l'actif taxable (de 2 semestrialités pour une pourcentage inférieur à 5 %, jusqu'à 10 semestrialités pour un pourcentage compris entre 20 et 25 %). Comme pour tout crédit, le paiement fractionné implique le paiement d'intérêt, dont le taux, fixe, est égal à celui produit, au jour du dépôt de la déclaration, par les obligations émises par la Caisse nationale de l'industrie ou la Caisse nationale des banques en échange de titres de sociétés nationalisées. Le taux applicable au premier semestre 1996 est fixé à 7,20 %. Les intérêts seront acquittés lors du paiement de chaque fraction.

> Le paiement différé

Il est possible lorsqu'il y a dévolution des biens en nue-propriété. Si le conjoint survivant opte pour la totalité de la succession en usufruit en cas de donation au dernier vivant, les autres héritiers vont recueillir la nue-propriété de la succession. Ces derniers peuvent payer leurs droits immédiatement ou de manière fractionnée, tant sur la nue-propriété que sur l'usufruit. Ils n'auront dès lors plus de droits à payer lorsque l'usufruit rejoindra la nue-propriété. Mais ils peuvent aussi différer le paiement des droits jusqu'au décès de l'usufruitier. Les héritiers paieront soit des droits sur les intérêts dont le paiement a été différé jusqu'au décès de l'usufruitier, soit ils décident que les droits seront payés au décès de l'usufruitier sur la valeur en pleine-propriété. Ils perdent alors l'exonération de droits liés à la valeur de l'usufruit.

> Prévenir
Le détournement de biens du défunt

Il peut arriver que des héritiers malveillants soient tentés de détourner des biens qui entrent dans l'actif successoral. Pour s'en prémunir, le conjoint ou tous ceux qui prétendent avoir un droit dans la succession peuvent demander la pose de scellés au greffier en chef du tribunal d'instance du lieu où se trouvent les biens à protéger. Cette mesure se matérialise par la pose de cachets de cire sur une bande de toile mince sur les serrures ou la porte d'entrée du logement, voire sur les meubles. Si l'apposition de scellés paraît insuffisante, le greffier peut déposer soit au greffe, soit à un notaire ou un établissement financier des objets précieux, des titres ou autres valeurs. La levée des scellés intervient également sur demande. La personne qui brise ou tente de briser des scellés est passible d'une peine de deux ans d'emprisonnement et 200 000 francs d'amende.

3 Comment remplir une déclaration de succession ?

Comment s'effectue, à la suite d'un décès, le calcul des droits de mutation ? Tout simplement à partir de la déclaration de succession. Encore faut-il savoir très précisément la remplir pour éviter toute omission, erreur ou insuffisance.

L'article 711 du Code civil a au moins le mérite de la clarté "le mot succession exprime la transmission des biens et droits actifs et passifs d'une personne (le défunt) au profit d'autres personnes survivantes (les héritiers) désignées par la loi ou par volonté du défunt." Le décès d'une personne provoque donc le transfert de la propriété de ses biens à ses héritiers ou légataires. Et s'accompagne du paiement de "droits de mutation à titre gratuit", plus communément appelés droits de succession. C'est pourquoi l'Administration fiscale exige la remise d'une déclaration détaillée des biens de la succession, laquelle permet la perception des droits de mutation par décès. Ce document, appelé "déclaration de succession", se présente sous la forme d'un imprimé spécial (modèles 2705 et 2706) délivré par l'administration. Il doit être déposé à la recette des Impôts du domicile du défunt dans un délai de six mois à compter du décès.

La déclaration de succession est souscrite par les héritiers, légataires ou donataires qui peuvent également donner procuration à un mandataire. Elle a pour but de permettre la liquidation de l'impôt exigible et s'accompagne obligatoirement du paiement des droits. A défaut de déclaration de succession, l'administration peut poursuivre les héritiers en évaluant elle-même l'actif successoral à partir des éléments dont elle dispose. Méfiance donc, notamment si le passif est supérieur à l'actif, car la déclaration demeure impérative.

> Comment la remplir ?

L'inventaire détaillé des biens, qui constitue souvent une véritable liquidation de la succession, nécessite une connaissance approfondie, et du droit fiscal, et du droit civil. Héritiers ou légataires peuvent l'établir eux-mêmes, mais en cas d'omission, d'erreur ou d'insuffisance, ils encourent les sanctions prévues par la loi.

D'une façon générale, et même si elle ne constitue pas un acte notarié, c'est à un notaire qu'incombe la souscription de la déclaration. A cet égard, les honoraires du notaire pour l'établissement d'une déclaration sont faibles et seulement de 0,44 % HT de l'actif brut total s'il dépasse 110 000 francs. Mais attention, s'il y a communauté, l'actif comprend la totalité des biens de la communauté (et pas seulement la moitié qui dépend de la succession).

La déclaration comporte deux parties. La première est relative à la dévolution de la succession du défunt, c'est-à-dire les héritiers, légataires ou donataires. La deuxième comprend un inventaire de l'actif et du passif des biens qui appartenaient au défunt. Elle doit être la plus précise possible, de telle sorte que l'administration puisse percevoir clairement la quote-part qui revient à chaque héritier. Enfin, elle se conclut par une “affirmation de sincérité”.

Sur la déclaration doivent figurer les noms du défunt et du déclarant, ainsi que les renseignements permettant de déterminer la part de chaque ayant droit. Il faut savoir que, dans la mesure où tous les cohéritiers sont solidaires pour le paiement des droits, le Trésor est en droit de les réclamer à un seul d'entre eux. Chaque héritier peut donc souscrire seul la déclaration. En revanche, les légataires ou donateurs doivent souscrire une déclaration à titre personnel. Toutefois, dans les faits, il est plus aisé d'établir une signature collective portant sur l'ensemble de la succession.

> Le patrimoine en ligne de mire

Ceci étant, ce sont surtout les informations relatives au patrimoine qui sont essentielles. La désignation et l'estimation de tous les biens mobiliers et immobiliers composant l'actif, imposables ou non, l'énumération et la justification du passif font donc l'objet d'une attention particulière.

La déclaration doit aussi contenir la liquidation de communauté et, s'il existe un testament avec des legs particuliers, tout le mécanisme des rapports et du calcul de la quotité disponible. Il convient en outre d'indiquer les donations reçues de la part du défunt afin que soient appliqués correctement les abattements et le barème fiscal, les éventuels contrats d'assurance couvrant les objets de collection, bijoux et pierreries, et des déclarations complémentaires pour obtenir du receveur des Impôts le certificat nécessaire à l'encaissement d'une assurance décès.

> Les délais

Le délai pour souscrire la déclaration prend effet au jour du décès. Il est de six mois si le décès a eu lieu en France métropolitaine, de douze mois dans les autres cas. Le délai général est cependant jugé trop court par bon nombre de notaires. En effet, déterminer la consistance active et passive de la succession, évaluer les biens et permettre aux héritiers de se procurer les fonds pour payer les droits réclame du temps.

Or, passé ce délai, les ayants droit encourent des pénalités de retard. L'héritier est donc tenu à souscrire la déclaration et à payer les droits avant l'expiration du délai final de six mois, sauf dans les cas où le paiement différé ou fractionné est autorisé par l'administration (voir encadré). Sans quoi il sera pénalisé par un intérêt de 0,75 % par mois de retard calculé sur le montant des droits. Cependant, à défaut de pouvoir déposer la déclaration définitive, les signataires peuvent verser des acomptes sur les droits afin de réduire le montant des intérêts à reverser et démontrer leur bonne foi .

Il faut enfin savoir que la déclaration de succession s'accompagne d'une autre obligation fiscale : la déclaration des revenus perçus par le défunt du 1er janvier de l'année en cours jusqu'au jour du décès et, si le défunt était passible de l'ISF, d'une déclaration de fortune. Les droits de succession seront calculés sur la part revenant à chacun des héritiers, et peuvent atteindre 60 % du patrimoine du défunt. Il est néanmoins possible de réduire ces droits selon le mode de calcul choisi. Une aubaine dans cet autre chemin de croix qu'est le fisc.

> La Corse

La Corse bénéficie d'un régime spécial depuis l'arrêté Miot du 21 Prairial an IX. Voilà donc deux cents ans que les Corses ne sont soumis à aucun délai pour remttre la délaration lorsque le domicile du défunt et tous ses biens se trouvent dans ce département. Plus intéressant : si le défunt était domicilié sur le continent, mais possédait des biens mobiliers en Corse, ses héritiers ne sont astreints, pour ceux-ci exclusivement, à aucun délai. De quoi donner des idées...

> Testament contesté

La jurisprudence n'admettait pas autrefois de reporter le point de départ du délai de dépôt de la déclaration de succession lorsqu'une action judiciaire était engagée contre la validité d'un testament. Aujourd'hui, c'est chose faite, la Cour de Cassation s'étant prononce pour l'ouverture du délai seulement au jour de la décision judiciaire définitive mettant fin au contentieux et reconnaissant les droits des légataires (Cass. com., 30 mai 1989).

4 Donations : quels sont les nouveaux avantages fiscaux ?

La relance de la consommation, jugée aujourd'hui indispensable à la reprise économique a été recherchée, depuis 1993, au travers de mesures sectorielles de soutien au logement et d'incitation à l'achat de biens durables. Les nouveaux allégements fiscaux sur les donations poursuivent le même objectif : ils visent à anticiper les transmissions intergénérationnelles pour augmenter le pouvoir d'achat des jeunes actifs dont les besoins sont généralement importants. Synthèse du nouveau dispositif.

En 1992, les libéralités avaient été encouragées à plusieurs niveaux : les abattements praticables sur l'assiette imposable des mutations à titre gratuit étaient portés de 275 000 F à 300 000 F entre parents et enfants et 330 000 F entre conjoints ; le régime fiscal du don manuel se trouvait précisé et surtout les libéralités effectuées à plus de dix ans d'intervalle n'étaient plus prises en compte pour le calcul de l'impôt au titre des nouvelles transmissions. Ce système du non- rappel fiscal des donations de plus de dix ans visait déjà à relancer la consommation et faciliter l'accès à la propriété. La loi du 12 avril 1996 portant diverses dispositions d'ordre économique et financier pour 1996, dite DDOEF, apporte une heureuse surprise : sans bouleverser le régime des donations en vigueur, elle y introduit trois novations, toutes applicables depuis le 1er avril : la généralisation ainsi que le relèvement des réductions d'impôt accordées en cas de libéralités entre vifs ; l'institution d'un nouvel abattement en faveur de certaines donations. Quelques calculs et précautions s'imposent pour tirer le meilleur parti des nouvelles mesures.

> Coup de pouce à toutes les donations

L'instauration, par la loi de Finances pour 1992 de la règle du non-rappel des mutations entre vifs de plus de dix ans avait été accordée sans condition de durée. Les avantages offerts depuis le 1er avril ont également un caractère permanent mais jouissent d'une bonification temporaire : ainsi, les donations - mais non les transmissions par décès - effectuées avant le 31 décembre 1997 reçoivent un traitement privilégié, illustration du caractère conjoncturel des mesures de relance adoptées depuis trois ans.

Jusqu'à présent, seules les donations-partages bénéficiaient d'une réduction d'impôt calculée à un taux proportionnel. Désormais celle-ci est étendue aux donations simples, quel que soit le lien de parenté entre le disposant et le gratifié, et calquée sur le régime fiscal des donations-partages réalisées avant le 1er avril 1996. Autrement dit, après application le cas échéant des abattements légaux de 300 000 F et 330 000 F, du barème des droits de mutation et de la réduction d'impôt au titre de la situation de famille du donataire (1), une nouvelle réduction de droits est maintenant opérée, au taux de :

• 25 % si le donateur est âgé de moins de 65 ans, au jour de la donation ;

• 15 % s'il a entre 65 et 75 ans ;

• toutefois, les donations consenties entre le 1/04/1996 et le 31/12/1997 bénéficient d'une réduction de 25 % dès lors que le disposant a moins de 75 ans.

Parce qu'elle s'applique à un taux proportionnel, la nouvelle réduction d'impôt est donc d'autant plus attrayante que la transmission porte sur des montants substantiels ou qu'elle s'opère entre parents éloignés et a fortiori des étrangers. Ainsi, les donations réalisées entre ces derniers (ex : concubins) qui n'avaient droit normalement à aucun abattement (2) voient leur taxation portée, dans la meilleure hypothèse, de 60 % à 45 % ; celles entre parents jusqu'au 4ème degré (sauf ligne directe, époux et collatéraux privilégiés), de 55 % à 41,25 %, celles entre frères et sœurs de 45 % à 33,75 % sur la fraction qui excède 150 000 F.

En revanche, les donations consenties après 75 ans ne bénéficient pas de la nouvelle réduction d'impôt. Elles correspondent pourtant de plus en plus fréquemment à des transmissions consenties par des personnes d'un certain âge au profit de leurs petits-enfants. Conscient sans doute d'une telle évolution, le législateur a introduit dans la DDOEF un abattement de 100 000 F par part sur les donations réalisées depuis le 1/04/1996 au profit d'un petit-enfant du donateur, quel que soit l'âge de celui-ci.

> Une conception plus souple de la donation-partage

La hiérarchie des avantages fiscaux prévus en matière de donations n'en est pas moins conservée : ainsi la

DDOEF procède ainsi au relèvement du taux de la réduction d'impôt sur les donations-partages en le portant ici encore à compter du 1/04/1996 :

- de 25 % à 35 % quand le donateur est âgé de moins de 65 ans au jour de la transmission ;
- de 15 % à 25 % lorsqu'il a entre 65 et 75 ans ;
- les donations-partages consenties avant le 31/12/1997 se voient cependant appliquer une réduction d'impôt de 35 % lorsque le disposant a moins de 75 ans.

Or, pour opérer un partage, une donation doit être réalisée entre plusieurs personnes (en l'occurrence, tous les enfants du disposant). La donation-partage est donc sans objet en présence d'un enfant unique. C'est la raison pour laquelle l'administration fiscale refusait jusqu'à présent de transposer à cette situation la réduction d'impôt prévue en faveur des précédentes.

La DDOEF corrige cette iniquité en permettant à l'enfant unique bénéficiaire d'une donation de son père ou de sa mère, de bénéficier de la réduction de droits accordée au titre des donations-partages, selon les mêmes modalités.

> Le saut de génération facilité

Les avantages fiscaux sur les transmissions, introduits en 1992 faisaient la part belle aux mutations en ligne directe et entre conjoints. Le dispositif d'avril 1996 (3) prend davantage en compte les récentes évolutions sociologiques et patrimoniales.

Ainsi aujourd'hui, avec l'élévation de l'espérance de vie, les héritages sont de plus en plus tardifs tandis que la situation patrimoniale des jeunes générations se trouve fragilisée du fait de la dégradation du marché de l'emploi, de la remise en cause du niveau actuel de protection sociale et de la baisse de la rémunération sur les placements financiers, depuis 1992 et surtout 1995. Parallèlement, l'éclatement de la cellule familiale traditionnelle qui se trouve traduit de plus en plus souvent par la présence d'enfants de différents lits au sein d'un même foyer rend plus complexe la dévolution des patrimoines. Le «saut de génération», c'est-à-dire la transmission par les grands-parents, généralement de leur vivant, d'une fraction de leurs avoirs à leurs petits-enfants (en présence d'enfants habituellement déjà nantis) bénéficie ainsi d'une faveur croissante, surtout lorsqu'il permet de réduire le poids de l'impôt applicable aux transmissions successives : il évite en effet une double imposition de certains actifs, une première fois au moment du décès des grands-parents, puis de celui des enfants.

Depuis le 1er avril 1996, les donations consenties par des grands-parents à leurs petits-enfants offrent donc un double avantage fiscal : la mise en place d'un abattement de 100 000 F, quel que soit l'âge du disposant ; l'application, le cas échéant, d'une réduction d'impôt d'autant plus attractive que le disposant est jeune. Il ne faut pas oublier enfin que le barème applicable à ces transmissions est le même que celui régissant les mutations à titre gratuit entre parents et enfants.

En revanche, lorsque les enfants du donateur sont encore en vie, l'abattement de 300 000 F n'est pas applicable au saut de génération et la donation-partage ne peut être réalisée par les grands-parents au profit de leurs petits-enfants (sauf transmission d'une entreprise).

Deux raisons pour lesquelles les disposants étaient souvent tentés de transmettre certains actifs à leurs enfants en convenant avec eux de redonner ces biens aux petits-enfants, cette donation en cascade permettant ainsi une double application de l'abattement de 300 000 F, au moment de chaque transmission.

Une donation de 300 000 F ne subit donc en théorie aucun impôt, alors que la transmission de cette somme directement aux petits-enfants aurait supporté 48 750 F de droits avant le 1/04/1996.

L'administration fiscale reste cependant sourcilleuse à l'égard de ces transmissions tortueuses, menaçant de les taxer d'abus de droit lorsqu'elles ont pour seul objectif de réduire le montant de l'impôt applicable. Certes, face à une telle accusation, le contribuable ne manquera pas d'arguments : en procédant au saut de génération en deux fois, les parties ne semblent pas s'approprier un avantage indû car ils ne font qu'appliquer des abattements qui ne pourront plus être utilisés avant dix ans ; la volonté concertée des grands-parents et des enfants de réaliser une opération dans un souci exclusivement fiscal semble bien difficile à établir et la proximité des deux donations ne devrait pas être considérée en ce point comme une preuve suffisante ; le danger d'un redressement devrait en tout cas être écarté si les parties trouvent une justification autre que fiscale à l'opération, par exemple l'intention des grands-parents d'avantager leurs petits-enfants sans entamer la réserve héréditaire des enfants. Les nouvelles dispositions fiscales offrent-elles une solution alternative, suffisamment attractive aux donations en cascade ?

> Comment tirer au mieux parti des abattements ?

Dans le cadres des règles applicables depuis le 1er avril, une donation de 300 000 F consentie directement par un grand-parent âgé de moins de 75 ans à son petit-fils, en 1996 et 1997, sera taxée 21 563 F (i.e. abattement de 100 000 F ; réduction d'impôt au taux de 25 %), à comparer aux 48 750 F précités, si la donation était intervenue antérieurement. La fiscalité du saut de génération est donc aujourd'hui moins dissuasive ; si celui-ci est opéré du vivant du disposant. Mais dans quelles circonstances le préférer à la donation en cascade ? Dans l'hypothèse bien sûr où les abattements de 300 000 F ont été utilisés au cours des dix précédentes années, au niveau de chacune des générations concernées. En dehors de cette situation, plusieurs cas de figure sont à envisager :

- toute transmission envisagée dans la limite des abattements de 100 000 F applicables (soit 400 000 F lorsque les quatre grands-parents sont encore en vie et s'entendent pour gratifier leur petit-fils ou leur petite-fille aux meilleures conditions) fera préférer le saut de génération à la donation en cascade : la sécurité de l'opération et l'exonération d'impôt justifient une telle solution. On retiendra également celle-ci quand, à l'inverse, le patrimoine à transmettre excède largement le total des abattements de 300 000 F utilisables dans une donation en cascade : car celle-ci subit deux fois la taxation au barème progressif, contre une seule pour le saut de génération ;
- les donations portant sur des montants de quelques centaines de milliers de francs par part (c'est-à-dire

considérées entre chaque donateur et chaque donataire) imposent en revanche de raisonner au cas par cas. Ainsi, une donation de 200 000 F par part réalisée en 1996 ne sera taxée que 8 750 F si le donateur a plus de 75 ans, moins de 5 700 F dans le cas contraire : à ce prix, la solution de prudence offerte par le saut de génération semble devoir être adaptée.

Mais d'autres situations seront matière à réflexion : veuve âgée de 73 ans, Madame Avisée a un fils unique, ainsi que deux petits-enfants auxquels elle souhaite transmettre à moindre coût fiscal et avec l'accord de son fils, une somme de 420.000 F chacun, en 1996. Aucune libéralité n'étant intervenue à l'intérieur du cercle familial au cours des dix dernières années, le coût de la donation en cascade (donation en faveur du fils unique suivi d'une donation-partage opérée par ce dernier) s'élève à 79 464 F au total (3) contre 79 126 F pour une donation consentie directement à chacun des deux petits-enfants. En réalité, Madame Avisée n'hésitera sans doute pas très longtemps : elle sera tentée d'empiler les divers abattements de 300 000 F et 100 000 F panachant les deux techniques qui se révèlent alors plus complémentaires que concurrentes...

> Un instrument de transmission parmi d'autres...

La donation n'est évidemment que l'un des nombreux moyens pour transmettre : la portée du dispositif inspiré dans la DDOEF 1996 doit ainsi être appréciée au regard du régime d'imposition applicable aux autres libéralités.

Dans le cadre d'une transmission envisagée entre

parents éloignés ou étrangers, ou encore avec le souci d'économiser les abattements légaux, le don manuel s'avère fiscalement alléchant. Sa déclaration n'est obligatoire qu'en réponse à une demande de l'administration ou à l'occasion d'une nouvelle mutation à titre gratuit réalisée entre les mêmes personnes. Par ailleurs, les droits de mutation étant exigibles sur la base de la valeur des biens transmis à la date où l'administration en a eu connaissance, la tentation est grande de garder secrète cette transmission lorsqu'elle porte sur des actifs susceptibles de se valoriser faiblement. Le traitement juridique et fiscal du don manuel n'en est pas moins suffisamment complexe pour lui ôter parfois tout intérêt.

Les dispositions de la DDOEF ne modifient pas son régime mais le traitent par défaut. Ainsi, l'art. 790 modifié du Code des Impôts précise que bénéficient de la réduction applicable à la donation-partage «les donations effectuées conformément aux dispositions du Code civil (par deux parents ou l'un d'entre eux, à leur enfant unique)». Cette obligation de respecter le formalisme légal laisse à penser que les dons manuels opérés en faveur d'un enfant unique ne bénéficieront pas, a contrario, de la réduction susvisée ; un acte devra donc être passé devant notaire pour pouvoir y prétendre. A tout le moins, les avantages fiscaux nouvellement offerts aux contribuables inciteront certains à déclarer spontanément leurs dons manuels à l'administration (4) : l'institution du nouvel abattement de 100 000 F va sans doute en ce sens ; par ailleurs, l'âge du donateur s'appréciant au jour de la révélation du don à l'administration, son bénéficiaire peut avoir intérêt à le déclarer avant que le disposant n'atteigne 65 ou 75 ans.

> Les attraits des autres libéralités demeurent

Les dispositions de la DDOEF s'appliquent à toutes les donations : elles viennent donc renforcer l'intérêt présenté par certaines transmissions plus complexes. Il n'est que de citer la donation d'un bien en nue-propriété qui permet de diminuer encore l'assiette de la mutation taxable. Ou encore la transmission d'un logement ancien acquis par le disposant entre le 1/08/1995 et le 31/12/1996, celle-ci permettant une exonération partielle des droits de mutation, limitée aux trois-quarts de la valeur des biens transmis et à 300 000 F par bénéficiaire (5).

Toutefois, la rédaction de la loi du 12 avril 1996 soulève une incertitude qui est susceptible de donner un tout autre relief aux nouveaux avantages fiscaux. Ainsi, l'art. 790 B du CGI, complété par la DDOEF pour y intégrer le nouvel abattement de 100 000 F n'est pas de ceux visés par la règle du «rappel fiscal» des donations consenties depuis moins de dix ans. Cet abattement pourrait-il donc être utilisé sans aucune limitation ? Il est probable que le législateur viendra combler ce vide juridique avant que trop de contribuables téméraires s'y engouffrent...

Il n'en reste pas moins que pour des transmissions portant sur des montants substantiels, des solutions comme l'assurance vie (ou l'acquisition de parts de groupements forestiers) conservent leur supériorité. Certes, celle-là n'opère pas une mise à diposition immédiate au profit du bénéficiaire, des sommes portées au contrat. Mais, dans l'hypothèse - notamment - d'une donation envisagée entre étrangers qui reste donc taxée dans le meilleur cas au taux de 45 %, le gain fiscal susceptible d'être réalisé par la souscription d'un contrat d'assurance vie peut justifier de différer la réalisation de la libéralité projetée.

Si cet exemple illustre les limites du nouveau dispositif, ce dernier n'en doit pas moins être salué. D'ailleurs, il convient sans doute d'attendre l'adoption définitive des mesures applicables aux transmissions d'entreprises pour en apprécier la pleine portée.

(1) Ainsi, tout héritier ou donataire ayant au moins trois enfants vivants ou représentés au moment de la libéralité bénéficie d'une réduction d'impôt de 4 000 francs par enfant à partir du troisième, si la tranmission s'opère en ligne directe ou entre époux et de 2 000 francs (aux mêmes conditions) dans les autres hypothèses.

(2) Sauf si le gratifié est une personne handicapée ou, situation très différente, lorsque la transmission porte sur certains logements acquis par le disposant depuis le 01/06/1993, moyennant le respect de conditions variables selon la date d'acquisition (et fixées par les différents dispositifs de relance du logement). Dans chacune de ces deux hypothèses, un abattement de 300 000 francsest alors applicable.

(3) A condition bien sûr que le fils unique ne prélève pas, sur le montant de la donation-partage envisagée, le montant de l'impôt dû au titre de la libéralité dont il est lui même bénéficiaire.

(4) La déclaration spontanée du don manuel ou à la demande de l'administration doit faire l'objet, dans le délai d'un mois (dans le second cas), d'une déclaration n°2735 (à effectuer en deux exemplaires et en l'accompagnant du paiement des droits).

(5) Moyennant toutefois certaines conditions exigeantes, relatives à la location du bien.

5 Dons manuels : quelles sont les limites à ne pas dépasser ?

Rien n'est plus simple pour échapper aux droits de succession que de multiplier les dons manuels. Mais c'est oublier que le fisc ne l'entend pas de cette oreille. D'autant que si des héritiers s'estiment lésés, à tort ou à raison, ils ne manqueront pas de faire valoir leurs droits. A ce moment-là, le donataire risque bien de devoir en supporter lourdement les conséquences.

Voilà bien une des questions qui revient le plus souvent dans le silence feutré des études notariales : «Je voudrais donner un peu d'argent à mes enfants ou à mes petits-enfants, mais vous comprenez, je voudrais le faire très discrètement. Surtout, j'aimerais savoir quelles sont les limites à ne pas dépasser ?». Cette même interrogation qui, à l'évidence, taraude les épargnants, mérite non pas une, mais des réponses, parce qu'il y a le don manuel, le présent d'usage et le prêt d'argent. Les frontières entre les trois sont parfois ténues.

> Le don manuel

On peut librement donner à quiconque, et sans qu'un acte soit pour autant établi, de l'argent - y compris sous forme de chèque ou de virement bancaire - , des objets d'art, des bijoux, des objets mobiliers, des titres, des bons de caisse. Bref, pratiquement tout, sauf, bien évidemment, les biens immobiliers. Jusqu'à quel montant ? Aucun texte ne le précise. Et il peut y avoir multiplication des dons manuels sans que l'administration fiscale ne vienne perturber une transmission réalisée dans des conditions qui, apparemment, satisfont les uns et les autres. Jusqu'au jour où le généreux donateur décède. A ce moment-là, deux situations peuvent être envisagées :

- les héritiers observent un silence de bon aloi ; il est alors purement et simplement procédé au partage des biens entrant dans la succession du défunt et un voile pudique est jeté sur ce qui a été donné de la main à la main par le défunt, de son vivant ;
- les héritiers ne sont pas satisfaits. Parce que l'aide-soignante qui venait passer chaque jour deux heures avec le grand-père, désormais décédé, s'était vu remettre par celui-ci les très beaux bijoux qui appartenaient préalablement à sa femme. Ou parce que le fils a reçu un tableau de grande valeur tandis que les deux filles n'ont eu que des meubles de peu de prix. Dans ces conditions, il y a fort à parier que les héritiers réservataires lésés ne manqueront pas de faire valoir leurs droits directement en s'en ouvrant auprès du notaire, soit encore en demandant l'arbitrage d'un tribunal. L'administration fiscale, dès lors informée, appliquera dans ces conditions le barème des droits de donation ou de succession - c'est le même - sur la valeur du bien donné au jour où elle eut connaissance de la donation.

Plus clairement, le fils qui a reçu de son père un tableau d'une valeur globale de 3 millions de francs il y a douze ans, devra supporter des droits sur leur valeur à la date à laquelle l'administration est saisie : elle peut très bien s'élever à 8 ou 10 millions de francs. Ou à 1 million, c'est vrai, si la cote de l'artiste a considérablement chuté. Ce qui témoigne assez de ce que le don manuel est aussi une loterie lorsque l'on se pose la question de savoir s'il faut ou non le déclarer au moment où il est fait. Toute la question est là.

Ne pas le déclarer à l'administration fiscale, c'est évidemment échapper à toute imposition. Jusqu'au jour où des cohéritiers décident de faire entendre leurs voix. Et ce jour peut survenir fort tard. Or, en l'espèce, il n'y a pas de prescription.

Le déclarer est évidemment plus prudent. Mais le donataire - qui doit alors remplir une déclaration n° 2735 à déposer en double exemplaire à la recette des impôts de son domicile - va supporter le paiement des droits sur la valeur du bien donné. En revanche, il s'agit de la valeur au moment de la déclaration et non pas de celle que le bien aurait atteinte lors de sa révélation à l'administration fiscale. Autre avantage par rapport à l'imprescriptibilité du don manuel, une fois le bien donné déclaré, le donataire peut bénéficier d'une nouvelle donation 10 ans plus tard avec l'abattement intégral (300 000 F par exemple, par enfant).

Si le don manuel porte sur une somme d'argent, ce qui est fréquent, le donateur veillera à ne pas donner des montants ni trop importants ni trop fréquents, qui soient à la fois disproportionnés avec son patrimoine, ni avec les ressources du donataire. Car c'est alors un excellent moyen d'attirer l'attention de l'administration fiscale. Les conséquences d'une négligence excessive peuvent être lourdes. Un père donne à son fils une somme de 300 000 francs avec lesquels il achète un studio à Paris.

Il ne fait aucune déclaration à l'administration fiscale. Dix ans plus tard, le père décède. Le fils est tenu de révéler l'existence de ce studio sous peine d'être accusé de recel successoral. Il le déclare par conséquent, mais ce bien figurera dans la succession à sa valeur acquise au moment du partage, soit 550 000 francs, sur lesquels il paiera des droits. Et à supposer qu'il soit poursuivi pour recel, il pourrait être condamné à restituer le studio, sans partage possible avec les cohéritiers, ou à leur verser sa contrevaleur...

Il ne faut pas, enfin, perdre de vue que l'administration fiscale n'est pas seulement avisée de l'existence d'un don manuel non déclaré - lorsqu'elle l'est - à l'occasion d'une succession, mais aussi du vivant du donateur par un héritier qui s'estime lésé, lors d'une querelle familliale, ou simplement d'un partage au moment d'un divorce.

De fait, le don manuel peut être pratiqué sans crainte. Et on choisira de le révéler ou non à l'administration fiscale en fonction des situations. Dans la seconde hypothèse, il conviendra, simplement, d'agir avec prudence, c'est-à-dire en veillant à ne pas déshabiller Pierre pour habiller Paul.

> Le présent d'usage

Il est admis que des parents ou des grands-parents fassent des cadeaux à leurs enfants ou à leurs petits-enfants, voire à des neveux et nièces. C'est ce que l'on appelle le présent d'usage. Mais là encore, la même question se pose : jusqu'où peut-on aller ? La réponse sera semblable à celle faite pour le don manuel. Il s'agit de ne pas chercher à avantager un héritier plutôt qu'un autre, ou, ce qui revient souvent au même, à vouloir déshériter certains membres de la famille au profit d'autres héritiers, ou de tiers.

Le présent d'usage s'apprécie par l'administration fiscale dès lors que trois critères sont réunis :

• le cadeau doit avoir été fait à l'occasion d'une fête : anniversaire, mariage... ;

• il doit résulter d'une coutume ou d'une habitude ; (si l'on reprend l'exemple de l'aide-soignante évoqué plus haut, il est clair que si le grand-père a, chaque année, fait un modeste cadeau à la jeune femme pour son anniversaire, cela ne posera aucun problème. Il pourra en aller autrement s'il se décide juste une année à lui faire un cadeau de prix).

• enfin, dernière condition, la valeur du présent d'usage doit rester dans des limites raisonnables. Le richissime grand-père qui offre à sa petite-fille à l'occasion de son mariage une bague en or sertie de diamant, lui fera, à l'évidence, un présent d'usage. Donc admis par l'administration fiscale. La tante qui ne possède pour toute fortune que trois lingots d'or et, malgré la présence de ses enfants, en donne deux à un neveu pour son anniversaire, ne lui fera pas un présent d'usage. Les héritiers s'estimeront à juste titre privés de leurs droits. Ce qui voulait être un présent d'usage sera considéré comme un don manuel. Et l'administration fiscale fera supporter au neveu le paiement de droits de donation.

> Le prêt d'argent

C'est la troisième façon de transmettre discrètement de l'argent à un héritier, voire à une tierce personne. Seulement le Code civil (art. 1341) prévoit que tout prêt d'argent, avec ou sans intérêt, effectué entre deux personnes au-delà d'une somme de 5 000 francs, doit être déclaré par le bénéficiaire du prêt pour le 15 février suivant. Une déclaration 2062, disponible dans tous les centres des impôts, doit être remplie. L'absence de déclaration entraîne une amende, légère, de 100 francs. A ce prix... autant demeurer discret. Voire. Car là encore, tout repose sur l'importance de la somme prêtée, les ressources du donateur et celles du donataire.

Imaginons qu'un oncle décide de prêter sans intérêt à son neveu la somme de 400 000 francs. L'oncle a des revenus confortables, sans plus, et le neveu n'a guère de ressources. A l'évidence, l'opération est une donation qui ne veut pas dire son nom. Le neveu achète un appartement. L'administration fiscale, qui effectue des recoupements entre les déclarations de revenus du neveu, les transactions immobilières, et les impôts fonciers et taxes d'habitation auxquels il est assujetti, s'interroge sur les conditions de cette acquisition - il se peut aussi que l'administration ait été discrètement alertée par un héritier !... Elle découvre ce qu'il en est et va taxer le neveu au titre de l'impôt sur le revenu, considérant que les 400 000 francs doivent être réintégrés dans le revenu imposable, sans réduction ni abattement. Quant à l'oncle, il devra acquitter les droits de donation : ils représenteront 55 % de la somme prêtée...

D'où l'intérêt, dans ce cas, de déclarer le prêt. L'oncle n'aura rien à payer. S'il effectue toutefois un prêt avec un intérêt, seuls ceux-ci seront taxés après abattement de 8 000 F pour une personne seule et 16 000 F pour un couple et taxés, au-delà, à 19,4 %. L'emprunteur, lui, ne supporte rien. Il peut même, au contraire, bénéficier de la réduction d'impôt propres aux intérêts d'emprunt s'il acquiert sa résidence principale.

Seulement on l'aura bien compris, très souvent, l'intérêt du prêt d'argent est de pouvoir transmettre, discrètement, une partie de son patrimoine. Si tel est le but du jeu, on effectuera à ce moment-là un prêt sans intérêt de relativement faible montant - là encore tout est question d'appréciation au cas par cas et de situation familiale - mais aussi de courte durée (5 ans, par exemple), justifié par un document prévoyant les conditions dans lesquelles le prêt est accordé.

Cette précaution vaut d'abord parce qu'elle est obligatoire, on l'a vu, pour tout prêt supérieur à 5 000 F mais aussi en cas de querelles familiales nées au moment du décès du prêteur ou pour servir de justificatif à l'administration fiscale. Si à la date de remboursement, le prêteur est toujours en vie, il n'y aura plus qu'à détruire le document et à en rédiger un autre. Ou à renouveler l'opération.

> Les trois mots clés

Le donateur : celui qui donne.

Le donataire : celui qui reçoit.

L'administration fiscale : l'organisme que l'on cherche, en l'espèce, à contourner.

6 Quel régime matrimonial le chef d'entreprise doit-il choisir ?

Faute de temps ou par manque d'informations, le dirigeant d'entreprise néglige souvent la gestion de ses avoirs privés. Ses négligences patrimoniales sont pourtant susceptibles de fragiliser la situation de son entourage et de mettre en péril l'affaire familiale. Bien choisir son régime matrimonial puis le faire évoluer en fonction de ses besoins figurent parmi les précautions qu'il doit prendre en priorité.

Dans l'éventail des régimes matrimoniaux proposés par notre droit de la famille (1), la séparation de bien est presque toujours présentée comme la meilleure solution, lorsque l'un au moins des époux est entrepreneur : tous les biens du ménage étant personnels, la mauvaise fortune de ce dernier n'a normalement pas d'incidence sur la situation financière de son conjoint. Néanmoins, l'adoption de ce régime matrimonial a souvent pour conséquence d'éluder une réflexion plus approfondie sur les prérogatives professionnelles de chaque époux et sur les conséquences patrimoniales de la dissolution du mariage. Ainsi, la séparation de biens n'exclut pas tout risque, ne règle pas tous les problèmes et ne doit donc pas, au bout du compte, être considérée comme une solution standard à choisir en toutes circonstances.

> Les dettes à caractère professionnel

Malgré leurs différences, tous les régimes matrimoniaux même séparatistes imposent aux époux deux contraintes d'ordre patrimonial : ils ne peuvent, l'un sans l'autre, disposer du logement du ménage ainsi que de son mobilier, même si ces biens n'appartiennent qu'à l'un des époux. D'autre part, les impôts ainsi que les dettes contractées pour l'entretien du ménage et l'éducation des enfants engagent solidairement le couple.

Le Trésor Public peut donc, en application de ce principe, réclamer à un époux la cotisation d'impôt relative aux revenus de son conjoint. Cette solidarité peut sembler bien sévère lorsqu'elle vise les revenus professionnels d'un entrepreneur individuel : assujettis à des règles comptables et fiscales complexes, ils offrent, plus facilement que les salaires, matière à redressement ; et bien sûr, le paiement de l'impôt est plus délicat lorsque les revenus d'activité sont fluctuants.

A l'égard des autres dettes à caractère professionnel, le niveau de solidarité des époux diffère selon leur régime matrimonial : dans le cadre de la communauté universelle, l'union des êtres se complète par la fusion de leurs avoirs, chaque époux est nouvellement tenu des dettes de l'autre. Sous le régime légal, la communauté est normalement redevable des dettes de chaque époux (2), moyennant récompense due par l'époux personnellement débiteur, à la communauté, au moment de sa dissolution. Mais ici, les risques subis par l'époux de l'entrepreneur connaissent une double limite : ses salaires et ses autres gains ne peuvent être professionnesl (3) ; et si ce dernier a emprunté personnellement pour le compte de l'entreprise, la communauté n'est engagée que si son époux a donné son consentement exprès à cette opération.

De son côté, la séparation des biens ne règle pas tout problème : l'indépendance des patrimoines n'est évidemment plus réservée lorsqu'un époux s'est porté caution de l'autre - un cautionnement de plus en plus fréquemment exigé par les créanciers de l'entrepreneur. En dehors même de cette hypothèse, l'interprétation extensive donnée par la Cour de Cassation à la notion de dettes ménagères renforce la solidarité patrimoniale des époux, quel que soit leur régime matrimonial. Considérant en effet que les cotisations d'assurance-vieillesse ont pour objectif de permettre au titulaire de la pension de retraite d'assurer l'entretien du ménage une fois cessée son activité, la Cour de cassation en a déduit que cette dette était solidaire aux époux ; elle a ainsi, condamné le conjoint d'un artisan à acquitter le montant des cotisations vieillesse (ainsi que les majorations de retard et frais y afférents) dues par son époux défaillant (4).

Enfin, même dans l'hypothèse de la séparation de biens, la responsabilité du conjoint du chef d'entreprise peut être recherchée par les créanciers de celui-ci s'ils démontrent l'existence d'une société de fait entre les époux : tel peut être le cas si le conjoint de l'entrepreneur a agi à leur égard comme un véritable associé ; il risque d'être tenu solidairement à leur égard des obligations nées des actes accomplis par son époux.

Le choix d'un régime matrimonial adapté à la situation financière et familiale des époux n'est donc pas une précaution à elle seule suffisante : il importe que leur statut professionnel et social corresponde à leur place effective au sein de l'entreprise familiale.

> La conduite de l'entreprise en commun

Dans les entreprises individuelles ou sociétaires à actionnariat familial, le conjoint du disposant est fréquemment assuré à participer activement à la vie de l'entreprise mais sa situation n'est pas toujours officialisée, loin s'en faut : le plus souvent en effet, surtout dans les affaires de petite dimension, sa collaboration est bénévole ou n'est pas assortie d'une rémunération régulière.

Les époux ont pourtant intérêt à fixer précisément le cadre de leur collaboration, afin de circonscrire les problèmes susceptibles de survenir en cas de séparation ou de difficultés professionnelles et, plus positivement, pour bénéficier d'avantages sociaux et fiscaux.

Une loi du 10 juillet 1982 est ainsi venue proposer au conjoint du dirigeant de l'entreprise familiale la possibilité d'opter entre l'un des trois statuts suivants :

● le conjoint salarié : ce statut est offert à l'époux qui, participant de manière habituelle à l'activité de son conjoint reçoit un salaire correspondant à son travail. Il bénéficiera ainsi des avantages et de la protection accordés au salarié. Si son affiliation au régime général de la sécurité sociale risque d'être redondante avec la couverture sociale dont il bénéficie déjà en sa qualité d'ayant droit, son statut lui offrira en plus des droits à retraite et une assurance chômage. Mais en pratique, il lui sera souvent difficile de percevoir cette allocation en cas de licenciement, les assedic suspectent cette opération de masquer un acte de complaisance.

Les conséquences fiscales de ce statut diffèrent selon le régime matrimonial adopté par les époux, la séparation de biens ayant ici l'avantage. En effet, la rémunération du conjoint salarié marié sous un régime communautaire n'est déductible des bénéfices de l'exploitation qu'à hauteur de 17 000 F (5) par an, alors qu'elle est intégralement déductible dans le cadre de la séparation de biens.

● le conjoint collaborateur : l'époux qui travaille bénévolement dans l'exploitation familiale peut bénéficier de ce statut. La conduite de l'entreprise s'en trouvera parfois rationalisée, le conjoint collaborateur pouvant avoir mandat pour représenter le disposant en disposant d'un droit de surveillance sur les actes accomplis par ce dernier (ex : cession d'un élément de fonds de commerce).

Il bénéficiera des prestations de sécurité sociale prévues en cas de maladie, de maternité, d'invalidité - en tant qu'ayant droit ou en qualité de conjoint collaborateur - mais non de l'assurance chômage, puisqu'il n'est pas salarié. Il peut en revanche se constituer une retraite personnelle en adhérant à l'assurance volontaire des non-salariés pour compléter ainsi ses droits à la retraite de réversion (6). Ses cotisations seront déductibles des revenus du chef d'entreprise moyennant certaines conditions précisées par une instruction du 13 août 1996.

● le conjoint associé : ce statut est réservé, comme son nom l'indique, aux époux ayant constitué une société. Au plan juridique, le conjoint associé dispose potentiellement des mêmes pouvoirs que le collaborateur tandis que sa protection sociale sera fonction de son statut dans la société (simple associé ; salarié ; mandataire social ...).

Si l'adhésion à l'un de ces trois statuts est facultative, elle est cependant recommandée, surtout peut-être pour les personnes mariées sous un régime séparatiste : faute de pouvoir profiter de l'enrichissement du chef d'entreprise, son conjoint doit veiller à bien sécuriser sa situation.

> Les conséquences de la dissolution du mariage

Si, en France, un mariage sur trois s'achève par un divorce, on observe qu'en moyenne les dirigeants sont davantage que d'autres catégories socio-professionnelles, concernés par le risque de séparation. Déjà considérables lorsqu'elles concernent le patrimoine privé des ex-époux, les conséquences du divorce peuvent s'avérer catastrophiques quand celui-ci intègre des actifs professionnels.

En effet, si l'entreprise appartient en commun aux époux, l'ouverture d'une procédure de divorce aura normalement pour conséquence de les faire tomber en indivision : un accord conjoint des ex-époux sera alors nécessaire pour prendre toute décision. Les risques de blocage résultant de cette situation sont donc évidents ; à tout le moins, l'efficacité du management s'en trouvera sensiblement affectée. Le partage des biens aura certes le mérite de faire cesser cette situation mais en soulevant d'autres problèmes : s'il se réalise par lots inégaux (ce qui est fréquent lorsque l'entreprise constitue l'essentiel du patrimoine commun), celui qui recevra la part la plus importante devra verser à l'autre une soulte, destinée à compenser cette inégalité.

Les dividendes distribués par l'entreprise risquent de devoir être consacrés pendant de longues années au financement de cette soulte...

Par ailleurs, certaines mesures préventives paraissent indispensables pour pallier les conséquence financières du décès de l'entrepreneur. Certes, la transmission de l'entreprise familiale n'est pas un réflexe naturel de son dirigeant : elle est souvent vécue par celui-ci comme un abandon, en raison du lien affectif qui le relie à son affaire. Or, s'il est a fortiori difficile de sensibiliser un jeune dirigeant à ce problème de transmission, celui-ci n'en doit pas moins être averti des risques qui pèsent sur son affaire, dans l'hypothèse de son décès inopiné : si par exemple son conjoint se révèle le plus apte à poursuivre l'exploitation alors qu'aucune disposition n'avait été prise en ce sens par le défunt, la propriété de l'entreprise reviendra généralement pour l'essentiel aux descendants, le conjoint survivant en perdant du même coup le contrôle.

Pour éviter notamment ce genre de situation, le Code Civil a institué un mécanisme correcteur, l'attribution préférentielle (7), mais cette solution peu sûre est généralement considérée comme un pis-aller. Les époux auront en vérité plutôt intérêt à stipuler dans leur contrat de mariage qu'au décès du premier, le survivant pourra acquérir ou se faire attribuer certains biens dépendant de la succession de son conjoint, par exemple le fonds de commerce ou les titres de la société familiale (clause dite commerciale). Ainsi, sans avoir besoin de la société familiale des héritiers, le survivant bénéficiaire deviendra propriétaire de l'entreprise et décidera donc seul de l'exploiter ou de la vendre. En fonction de la composition de la famille et du patrimoine du défunt, la reprise pourra être pure et simple ou s'effectuer moyennant indemnité (8).

De même, si le fonds de commerce est exploité dans un immeuble propre au dirigeant, le contrat de mariage pourra également inclure une clause prévoyant que le survivant se verra consentir un bail par les héritiers afin qu'il puisse y poursuivre l'exploitation.

Les époux auront encore pu adopter un régime matrimonial sur mesure : opter par exemple pour la séparation de biens mais en prévoyant qu'en cas de dissolution du mariage par décès, le conjoint survivant pourra revendiquer une fraction des richesses acquises par prémourant au cours du mariage (créance de participation). Il convient cependant d'être prudent lors de l'élaboration d'un contrat de mariage cousu main en s'entourant à cette occasion des conseils des professionnels du droit.

> Modifier son régime matrimonial

Il est bien difficile à un jeune couple de choisir un contrat de mariage qui restera adapté au cours du temps : différents événements d'ordre familial ou professionnel sont susceptibles de modifier les besoins et la géographie du patrimoine de chacun.

Alors qu'un régime séparatiste est généralement bien adapté à la situation du jeune dirigeant, moyennant les nuances apportées précédemment, ce régime risque de révéler ses handicaps à mesure que les époux avancent dans l'âge : la séparation de biens n'apporte aucune protection au conjoint survivant lorsque celui-ci est faiblement nanti, sauf à être corrigé par une participation aux acquêts. Une donation entre époux peut certes rétablir en partie le déséquilibre mais celle-ci est considérée comme une libéralité, donc taxée fiscalement. Lorsque les enfants sont installés dans la vie et que le chef d'entreprise songe à se retirer, un changement de régime peut s'avérer opportun, afin d'opter pour une formule communautaire.

La mise en communauté universelle du patrimoine des époux devra au moins être étudiée. Ses avantages et ses inconvénients sont bien connus. Mais ce régime revêt une dimension particulière au moment de la transmission de l'entreprise au sein de la famille : si cette opération se réalise par le biais d'une donation-partage, la mise en communauté de l'entreprise effectuée préalablement à la donation confère à celle-ci un caractère conjonctif : les possibilités d'abattement fiscal offertes à chaque descendant seront multipliées par deux et surtout la progressivité de l'impôt sur la transmission sera moins rapide ; la donation étant en effet le fait des deux époux, les actifs transmis par chacun seront taxés séparément, les tranches inférieures du barème des droits de mutation étant donc utilisées deux fois. L'économie susceptible d'en résulter au niveau des grosses transmissions couvrira largement les frais afférents au changement de régime. Il conviendra toutefois de s'assurer que les enjeux patrimoniaux de l'opération s'avèrent aussi séduisants que son régime fiscal...

Au moment où les gestionnaires de patrimoine cherchent à élargir leur cible de clientèle en direction des chefs d'entreprises, la mise en oeuvre d'une réflexion sur leur statut matrimonial sera sans doute une bonne occasion de sensibiliser cette population aux questions patrimoniales tout en valorisant le métier du conseiller.

(1) On cite usuellement : la communauté de biens réduite aux acquêts, régime légal depuis le 1/02/1966 ; les régimes de communauté conventionnelle, parmi lesquels la communauté universelle ; la séparation de biens ; la séparation avec participation aux acquêts qui opère un compromis entre les régimes séparatistes et communautaires susvisés. Les époux ont toutefois la possibilité d'adopter un régime sur mesure dès lors qu'il respecte les prescriptions d'ordre public.
(2) C.Civ. art. 1413
(3) C.Civ. art. 1414
(4) C.Cass, Chambre sociale, 5 mai 1995
(5) Cette limite de déduction est majorée à l'égard des adhérents de centres de gestion ou d'associations agréées pour lesquelles elle s'élève à 36 fois le SMIC mensuel.
(6) Depuis l'entrée en vigueur de la loi Initiative et entreprise individuelle du 11/02/1994, l'exercice en parallèle d'une autre activité professionnelle n'en fait plus interdiction au conjoint collaborateur d'adhérer à une assurance volontaire.
(7) CCiv art. 832
(8) CCiv art. 1390 et s., art. 1511.

7 Quel est l'intérêt de constituer une société civile de famille ?

Les sociétés civiles de famille, précieux instruments de conservation et de transmission des richesses, séduisent en général les familles aisées, désireuses d'assurer la pérennité de leur patrimoine. Mais faut-il pour autant y recourir systématiquement ? Des experts répondent, au premier rang desquels Maître Axel Depondt, notaire, auteur de l'ouvrage de référence "Les sociétés civiles de famille dans la gestion de patrimoine".

Pour jongler avec les règles fiscales, rien ne semble plus approprié que les sociétés civiles, malléables et multiples. Leur objet est de gérer certains éléments du patrimoine d'associés, et nombreux sont les conseillers en gestion patrimoniale qui appellent à en user abondamment. Les sociétés civiles de famille présentent en effet d'importants leviers de défiscalisation et constituent, à ce titre, un instrument de transmission et un moyen de soumettre une succession immobilière à un régime juridique plus souple que celui qui résulterait du droit commun.

Les principaux avantages des sociétés civiles tournent, de fait, autour de deux axes fondamentaux :

- la création d'une nouvelle personne morale donne «vocation à l'éternité» : les associés passent, la société demeure. Ce qui en fait un merveilleux instrument de conservation et de transmission du patrimoine.
- la société civile prend en compte la protection des intérêts en présence : conjoint (ou concubin), enfants, petits-enfants, indivisaires, incapables. Le démembrement de parts sociales en nue-propriété et en usufruit multiplie les possibilités de jeu. Ce qui en fait aussi un merveilleux instrument de gestion, fiscale et juridique.

Mais ces avantages ne sauraient faire oublier les contraintes qui pèsent sur les associés. Comme l'explique Maître Depondt, «les erreurs sont courantes. La première est de considérer la société civile non comme un moyen, mais comme un produit. Or elle n'est qu'un outil, un être moral permettant d'élargir le cercle de la famille. Par conséquent impérissable. Mais c'est un outil qui a une naissance, une vie et une mort. C'est un sujet de droit. Les sociétés civiles sont certes transparentes mais l'administration fiscale les considère comme des êtres moraux. Avec tout ce que cela implique au niveau du contrôle, de certaines obligations déclaratives.»

La société civile de famille est dans les faits une société civile sans statut particulier. Mais sa composition la distingue des autres dans la mesure où elle est exclusivement composée de membres d'une même famille. A cet égard, les rédacteurs du Code civil ont énoncé, dans l'article 854, qu'il ne serait «pas dû de rapport pour les associations faites sans fraude entre le défunt et l'un de ses héritiers, lorsque les conditions ont été réglées par un acte authentique». L'acte notarié s'impose donc lors de la constitution d'une société civile de famille afin de se prémunir contre les risques de requalification pouvant résulter du bénéfice de tel ou tel associé, en donation rapportable. Quel que soit leur régime matrimonial et les biens apportés à la société, deux époux peuvent s'associer dans une société civile à condition qu'elle ne modifie pas leur régime en dehors des procédures prévues par la loi.

> Pincipale menace : l'abus de droit

L'abus de droit est la principale menace qui pèse sur une société civile. A cet égard, les associés doivent toujours être en mesure de prouver que la création d'une société civile est liée à des raisons autres que fiscales. Il faut donc qu'elle réponde à des préoccupations d'ordre civil ou familial. «Dans tous les cas, il faut opposer aux arguments fiscaux des arguments juridiques qui justifient l'existence de la société, précise encore Maître Depondt. Sans quoi, les associés risquent l'abus de droit qui, à l'extrême, peut constituer un délit. En revanche, si la société accomplit des actes de commerce, ce n'est pas forcément grave. Elle se transforme en société commerciale créée de fait et elle risque l'assujettissement à l'impôt. Le seul problème réside dans le fait que les associés deviennent commerçants, un statut qui n'est pas compatible avec certaines professions comme les fonctionnaires, médecins, professions libérales... et qui peut aller pour ces associés jusqu'à la révocation», ajoute maître Depondt.

Le recours à un spécialiste juridique et fiscal est souvent nécessaire pour constituer une société civile. Car les clauses sont nombreuses et doivent être précises. «Il faut envisager l'objet de la société, et les clauses permettant d'en sortir, de la gérer... Il faut être capable de prévoir toutes les hypothèses possibles et imaginables.»

> Prévoir les possibilités de sortie

Les statuts de la société doivent donc être clairement définis lors de la constitution de la société civile afin de se prémunir efficacement contre les risques de dérapages juridiques ou fiscaux.

D'autres contraintes pèsent ensuite. La société civile, comme toute société, doit rendre des comptes à ses associés et à l'administration fiscale. Il faut donc la gérer, et respecter la législation fiscale, mais aussi civile. Car l'administration pourrait se fonder sur le non respect de certaines règles civiles pour prétendre que la société est fictive. Il faut enfin prévoir juridiquement et fiscalement les possibilités de sortie de la société. Car, que ce soit par réduction de capital et retrait d'un associé, attribution d'une partie de l'actif à tous les associés ou encore en cas de dissolution, sortir d'une société est coûteux. Cela se traduit par un droit de partage (1%) et une imposition des plus-values. Comme l'indique encore Maître Depondt, «il faut savoir qu'en matière fiscale, les économies d'aujourd'hui peuvent représenter un surcoût plus tard. Mais mieux vaut en général éviter de payer un impôt aujourd'hui au risque d'en payer un autre plus tard.»

> Patrimoine important uniquement

La constitution d'une société civile n'a vraiment d'intérêt que lorsque le patrimoine est conséquent. C'est donc un instrument réservé aux plus aisés. Parce qu'ils sont dans les tranches d'imposition les plus élevées, mais aussi parce que les coûts de constitution et de fonctionnement de la société civile de famille sont relativement élevés. Il faut donc la réserver à un patrimoine dont la gestion mérite d'être confiée à une personne compétente et dont on souhaite assurer la pérennité en nature.

L'allongement de l'espérance de vie, les problèmes liés au financement des retraites incitent les familles à se prémunir contre les aléas de l'existence. La société civile de famille constitue une solution face aux carences de la redistribution fiscale en assurant aux plus âgés des revenus supplémentaires et aux plus jeunes un capital de départ. Ce type de montage doit être réalisé avec beaucoup de prudence et après mûre réflexion car il nécessite une parfaite maîtrise de l'environnement. La société civile de famille est un jeu savant dont les règles sont difficiles. Et si l'on peut aisément gagner la partie, les fautes se paient très cher...

> La société civile : une définition

La société civile réunit des personnes physiques et morales poursuivant en son sein des objectifs ne présentant pas de caractère commercial distingués par le code du commerce (art. 632 et s.). Ce qui revient à dire que toutes les sociétés qui ne sont pas commerciales par leur forme (Sarl, SA), par leur nature (les coopératives) ou par leur objet (sociétés commerciales) constituent des sociétés civiles.

Cette définition a contrario justifie la vocation universelle de la société civile dont le domaine d'élection est la détention et l'administration d'un patrimoine, qu'il soit immobilier ou non.

Les sociétés civiles de famille sont ainsi nommées parce que tous les associés sont issus d'une même famille (en général, les parents, enfants et petits-enfants le cas échéant). Leur statut est en tout point identique à celui des sociétés patrimoniales (Sci, sociétés civiles de portefeuilles...) dont l'objet est de gérer certains éléments du patrimoine d'une famille.

L'attribution à ces sociétés de la transparence fiscale impose aux associés un traitement fiscal identique à celui qu'ils auraient à supporter s'ils étaient propriétaires directs des biens. Les sociétés civiles, parmi lesquelles figurent la populaire Sci, mais aussi la moins connue société civile mobilière (Scm), échappent donc à l'impôt sur les sociétés (IS).

> Quelques conseils pour monter une société civile de famille

La constitution d'une SCF a pour but, en général, de favoriser la transmission du patrimoine. Le transfert des richesses se faisant au profit des associés, les rédacteurs du Code civil ont souhaité se prémunir contre des sociétés civiles qui seraient créées pour maquiller une donation. La constitution d'une société civile de famille doit donc obéir à quelques règles rédactionnelles pour s'éviter de mauvaises surprises.

Il faut prévoir des transferts de siège faciles car il est important que les courriers officiels puissent parvenir à leur destinataire.

Il vaut mieux aussi privilégier une durée longue. D'abord parce qu'il est plus facile de réduire la durée de la société que de la prolonger quand elle est arrivée à terme. Ensuite parce que la durée justifie davantage l'existence de la société.

L'objet de la société est également très important. Car une société dont l'objet est accompli n'a plus de raison d'être et se trouve ainsi dissoute de plein droit. Par exemple, si la société a un objet limité à la propriété d'un seul bien, les conséquences de la vente de ce bien sont la disparition de l'objet et la dissolution de la société. L'objet universel n'est pas reconnu, car une société ne peut être constituée que pour accomplir un objet déterminé. Mais cet objet peut très bien, se résumer à la détention et l'administration d'un patrimoine privé, tant immobilier que mobilier. Toutefois, la détention d'un patrimoine immobilier privé est vraiment le domaine privilégié de la société civile.

En général, la Sci est constituée pour détenir un immeuble unique, mais un certain nombre d'entre elles sont propriétaires de plusieurs unités foncières distinctes. Ce qui n'est pas vraiment recommandé, car la détention de tout le patrimoine immobilier dans une seule société l'expose à un risque fiscal, l'assujettissement à l'impôt sur les sociétés (en cas de revente de certains des immeubles).

Il est donc préférable de diviser un patrimoine immobilier en autant de sociétés civiles que d'immeubles afin de pouvoir céder les parts de la société civile plutôt que l'immeuble lui-même en cas de revente.

> La détention d'un patrimoine indivis

Afin de remédier aux défauts traditionnels de l'indivision, où chaque indivisaire peut à tout moment exiger sa part, ce qui dans bien des cas conduit à vendre le bien, la société civile permet de "figer la situation" en maintenant de force la famille dans l'indivision pendant toute la durée de la société.

Les avantages sont nombreux. Par la constitution d'une société civile, le chef de famille donne les parts à ses enfants, organise l'indivision et supprime ainsi les aléas du partage. La société civile permet aussi de substituer à la règle de l'unanimité celle d'une majorité à géométrie variable, voire d'imposer une gestion unique, plus rationnelle. Autre atout : les statuts d'une société civile comportent souvent des clauses restrictives à l'égard des cessions de parts, même quand ces transmissions ont lieu à titre gratuit entre ascendants et descendants ou entre époux. Ces clauses d'agrément, qui n'existent pas dans une indivision ordinaire, permettent de contrôler étroitement le nombre et la personne des associés et de se prémunir contre l'arrivée d'indésirables. Inversement, les associés minoritaires ont intérêt à prévoir dans les statuts une clause qui leur permettent de s'évader de la société s'ils le désirent, moyennant un préavis assez long et à partir du décès du survivant des parents fondateurs.

Mais mettre un ou plusieurs bien dans une indivision n'est pas sans conséquence fiscale. L'apport d'un immeuble ou d'un portefeuille de valeurs mobilières à une société civile non assujettie à l'impôt sur les sociétés est une mutation qui peut révéler une plus-value et générer son imposition. De même, lors d'une succession, les cessions de parts sont assujetties au droit de mutation de 4,80 % (si la cession intervient plus de trois ans après l'apport), alors que les cessions de droits indivis ne sont taxées qu'au taux de 1 %.

Par ailleurs, lorsqu'un bien est dans une indivision successorale, la cession de droits indivis par l'un des indivisaires à un autre ne génère pas d'impôts de plus-values. Parce qu'elle est considérée comme une opération de partage et que les partages sont "déclaratifs". En revanche, lorsqu'une personne cède les parts d'une société civile propriétaire d'un bien indivis, la loi considère qu'il faut calculer les plus-values par différence entre le prix de cession des parts et leur prix de revient. Il faut donc bien mesurer ces inconvénients avant de se lancer dans un montage de cet ordre.

> Le capital doit-il être faible ou élevé ?

La loi stipule qu'il n'y a pas de capital minimum pour une Sci, et que les frais fiscaux de constitution sont de 500 francs (droit fixe d'enregistrement). Conséquence : nombreuses sont les Sci dont le capital est dérisoire (de l'ordre de 1 000 francs).

Mais en cas de cession des parts, la plus-value qui en découle résulte de la différence entre le prix de vente des parts (i.e. en général la valeur de l'immeuble) et... leur valeur nominale. Et cette plus-value est soumise à impôt sans qu'il soit tenu compte du prix d'achat de l'immeuble par la société. La solution la meilleure, dans l'hypothèse d'une revente des parts dans les 22 ans de la constitution de la société, est donc de la constituer avec un capital correspondant à la valeur de l'immeuble.

> Domaine de prédilection : la transmission

N'oublions pas que si les sociétés civiles sont d'excellents instruments de détention de patrimoine, leur second domaine de prédilection est la transmission. Pourquoi ?

Tout d'abord, il est plus facile de donner à ses enfants des parts de société que de transmettre des quote-parts d'un bien indivis. De la même façon, lorsque des parents souhaitent se dépouiller d'un bien en procédant par strates successives, il peut être préférable de donner des parts de société, car la fiscalité des donations-partages, qui suit le régime civil des donations-partages, est favorable. Cela suppose en principe un véritable allotissement privatif de chaque donataire, ce que réalise très bien une donation partage des parts de la société de famille.

En effet, si la donation concerne des parts de biens indivis, la loi considère que la donation est simple. Parfois, l'administration fiscale consent à ce que ces donations bénéficient du régime des donations-partage, mais au plan civil, ça n'est pas le cas. Ce qui est fâcheux pour les bénéficiaires de libéralités ultérieures ou des légataires.

Donc, par le biais d'une société civile, il est possible de réaliser une donation partage valable tant civilement que fiscalement, avec les avantages qui en découlent.

On peut ainsi alléger la fiscalité pour toute transmission de bien patrimonial (entreprise, portefeuille de valeurs mobilières, immeuble), en la ramenant à son juste niveau, compte tenu des disparités entre la valeur fiscale d'un usufruit et sa valeur économique.

Aussi vaut-il mieux procéder à un démembrement

dans le cadre d'une opération à titre onéreux, ce qu'offre l'apport en société. Par ce biais, les associés détiennent des parts en pleine propriété d'une société en conservant l'usufruit du bien dont ils se sont dépouillés.

Peu après, et il n'y a pas de raison d'attendre (ceci pour éviter que les parts ne se valorisent), les droits de mutation sur la donation des parts en pleine propriété seront assis sur une base fiscale allégée, c'est-à-dire sur leur valeur économique. La société civile devient alors un excellent moyen de ramener l'assiette des droits de donation à sa juste valeur. Enfin, la donation d'un bien par démembrement, en conservant l'usufruit, est souvent encouragée par les spécialistes pour faciliter les transmissions. Au décès, l'usufruit va s'éteindre et non pas se transmettre. Il n'est donc dû ni taxes ni impôts.

Il faut cependant garder à l'esprit que la société ne pourra être créée que si elle obéit à un autre but que l'avantage fiscal. Ce qui est difficile à faire s'il n'y a qu'un seul héritier ou si l'actif est aisément partageable.

> Dernière opportunité : la transmission d'entreprise

La société civile est un excellent moyen d'assurer le contrôle de sociétés commerciales en ayant pratiquement aucune action des dites sociétés. Notamment par le biais d'une holding. On peut très bien imaginer par exemple que la majorité des actions d'une société commerciale soit détenue par une société civile holding dont le gérant n'a qu'une part mais des pouvoirs très étendus. Le gérant aura le pouvoir de représenter les actionnaires aux assemblées générales et de décider de la politique commerciale malgré une participation symbolique. C'est ainsi qu'un certain nombre de familles constituent des holdings civiles assujetties à l'IS afin de pouvoir bénéficier du régime fiscal des sociétés mères-filles. Ce qui assure la neutralité fiscale de la holding.

8 Faut-il mettre ses actions dans une société civile de portefeuille ?

La société civile de gestion de portefeuille n'a en soi rien de très original ; elle partage en effet son statut juridique avec les autres sociétés civiles non réglementées. Mais elle s'en distingue par son objet, les biens qu'elle a vocation à abriter permettant d'exploiter tous ses avantages en termes de transmission et de gestion. A condition de sélectionner le montage le mieux adapté aux objectifs poursuivis.

La constitution d'une société civile de portefeuille répond prioritairement au souci d'anticiper la transmission d'actifs financiers. Une donation ou un legs des parts de la société seront souvent plus avantageux que la mutation des titres en direct.

> Plus de souplesse pour donner

La donation de parts de société est idéale pour réaliser un partage égalitaire. Scinder un portefeuille en parts égales n'est en effet pas facile, les valeurs mobilières étant susceptibles de se valoriser de manière très différente sur leur durée de détention. En les logeant au contraire dans une société civile constituée avec des parts de faible montant, l'objectif de transmission égalitaire est atteint. La solution permet aussi d'optimiser les abattements de 330 000 F (au profit du conjoint survivant) et de 300 000 F (ascendants ; enfants vivants ou représentés) instaurés depuis 1992 en faveur des mutations à titre gratuit, espacées d'au moins dix ans : il suffira de procéder à des donations successives, pour des montants si possible identiques aux plafonds susvisés. La fiscalité applicable aux donations de biens acquis au moyen d'un crédit non totalement remboursé au jour de la libéralité n'est guère favorable : le passif correspondant n'est en effet pas déductible de l'assiette imposable, quand bien même le donataire reprendrait la charge du crédit. Loger les biens concernés dans une société permet au contraire de réduire la valeur taxable si la transmission porte sur les parts elles-mêmes : le passif de la société sera retranché du montant de ses actifs pour déterminer l'assiette fiscale de la donation. Un résultat analogue peut cependant être obtenu si le donateur finance personnellement l'acquisition des valeurs mobilières par la société, en lui consentant une avance en compte courant : celle-ci constitue donc un élément de passif de la société qui équivaut de surcroît à un prêt à taux gratuit : la société y trouvera une solution de financement à bon compte, au plus grand profit des associés donataires.

> Des facilités pour régler l'impôt de succession

Les héritages en nue-propriété sont fréquents (lorsque par exemple le défunt prédécède à son conjoint) mais ne sont pas toujours la panacée pour les gratifiés souhaitant revendre les biens ainsi recueillis. Conscient de cette difficulté, le législateur a donné la possibilité aux nus-propriétaires de demander le report du paiement de droits de succession jusqu'au décès du ou des usufruitiers, en s'acquittant alors du paiement d'intérêts (1) en sus des droits jusque-là différés ou - option souvent plus avantageuse, en payant l'impôt sur la valeur, au décès de l'usufruitier, des biens en pleine propriété. Mais le nu-propriétaire ne doit céder aucun des biens concernés avant le décès de l'usufruitier, sinon le paiement des droits sera immédiatement exigible ! Une telle contrainte s'avère fort pénalisante pour la gestion d'un portefeuille boursier qui, aujourd'hui, avec la volatilité croissante des marchés, n'autorise plus l'immobilisme. Un disposant avisé pourra ainsi avoir intérêt à constituer une société civile pour y loger ses titres : les attributaires des parts en nue-propriété auront alors la possibilité de gérer avec souplesse le portefeuille de la société car seule la cession des parts sociales rendra immédiatement exigible le paiement des droits différés. Tout héritier peut cependant bénéficier du «paiement fractionné» des droits de succession en procédant à des versements égaux, répartis sur une durée d'au maximum 5 ans et d'une fréquence au maximum semestrielle.

Cette facilité est consentie moyennant le paiement d'intérêts dont le taux est fixé comme précédemment. Et pour tenir compte de la liquidité variable des biens transmis, le délai de 5 ans est porté à 10 ans en faveur des héritiers en ligne directe et du conjoint du défunt, lorsque l'actif héréditaire est composé d'au moins 50 % de biens non liquides ; or les parts d'une société civile entrent dans cette catégorie (au contraire des valeurs mobilières cotées). Ainsi, en constituant une telle structure pour y loger son portefeuille boursier, un disposant peut, le cas échéant, rendre son patrimoine suffisamment illiquide pour permettre à ses ayants droit de s'acquitter à son décès du paiement des droits de succession avec une certaine sérénité.

La faible liquidité des parts de sociétés civiles peut enfin être exploitée d'une autre manière, en cas de succession mais également de donation : l'art. 764-3° du CGI dispose en effet que les parts de sociétés non cotées sont librement évaluées, dans ces circonstances, à partir d'une déclaration estimative fournie par le contribuable. Une décote pourra donc être opérée par les déclarants... mais avec prudence car dans l'hypothèse d'un redressement fiscal pour sous-évaluation, des droits supplémentaires seront dus, des pénalités éventuellement exigibles et les possibilités de paiement différé ou fractionné refusées ! (2)

> Une gestion boursière plus efficiente

La société civile est souvent présentée comme une heureuse alternative à l'indivision légale. Souvent vérifié en pratique, ce principe vaut plus encore pour un portefeuille de valeurs mobilières : alors que les opérations d'achat et de revente de titres nécessitent l'accord de tous les indivisaires, la société civile de gestion de valeurs mobilières peut être régie par des statuts prévoyant par exemple que le gérant arbitrera les titres, sans l'accord préalable des associés. Elle offre cependant bien d'autres avantages : elle évite la dispersion des titres au décès du disposant ; elle permet une gestion globale, une plus grande diversification des valeurs, des économies d'échelle, une importante marge de manœuvre dans le choix des titres et des intermédiaires, la mutualisation des plus ou moins-values ... Cantonnés à l'actif de la société, les actifs financiers du défunt pourront être plus facilement suivis, cette solution évitant le risque d'une éventuelle double taxation, au décès du conjoint survivant, des titres qu'il avait reçus en indivision avec les descendants.

> Un usufruitier mieux protégé

Les avantages susvisés permettent notamment d'améliorer la protection du conjoint survivant usufruitier successoral dont la situation n'est guère enviable lorsqu'il se retrouve attributaire de titres de capitalisation. La règle est en effet que l'usufruit des sicav capitalisant leurs revenus ne donne à son titulaire aucun droit financier, les bénéfices d'une société portés en réserve profitant au seul nu-propriétaire. Les choses sont moins claires s'agissant des parts de fonds communs ou de bons de capitalisation mais on considère généralement que si leurs revenus peuvent revenir en droit à l'usufruitier, leur perception est bloquée, donc soumise au bon vouloir du nu-propriétaire !

La constitution d'une société civile permet d'éviter cet écueil ; la règle est en effet que l'usufruitier associé prend part aux assemblées générales qui décident de l'affectation des bénéfices (issus des revenus et des plus-values engrangés par la société). Encore conviendra-t-il que les autres associés ne soient que nus-propriétaires et que la modification des statuts (en particulier les clauses fixant les règles de vote) ne puisse être opérée sans l'aval de l'usufruitier. Les mêmes recommandations valent également, bien sûr, dans l'hypothèse où le disposant, associé fondateur de la société civile, procède de son vivant à la donation des parts en nue-propriété : s'il désire jouer un rôle actif dans la gestion du portefeuille-titres, sa situation d'associé usufruitier ne doit pas y faire échec. La crainte de confier cette gestion à des personnes néophytes dissuade ainsi nombre de titulaires de fortunes mobilières d'en faire donation à leurs descendants. Il leur suffit pourtant de s'instituer gérant de la société pour une durée illimitée et de fixer statutairement leurs pouvoirs de manière suffisamment large. Les dispositions du Code civil relatives à ces sociétés laissent en effet une grande latitude à leurs acteurs. A condition toutefois de ne pas réduire à néant les droits des associés nus-propriétaires. Une décision de la Cour de Cassation est venue le rappeler : l'art. 1844 al. 1 du Code civil prévoit que chaque associé a le droit de participer aux assemblées générales. Cette règle est impérieuse : même le nu-propriétaire qui n'a pas le droit de vote aux assemblées ordinaires peut prétendre à une vie sociale minimale en y participant avec simple voix consultative. (3)

Certes, ces risques de conflits ne sont heureusement pas très fréquents dans le cercle familial mais la cession des parts peut rapidement impliquer l'entrée de nouveaux associés, éventuellement hostiles à la gestion pratiquée jusque-là ou désireux de modifier la répartition des pouvoirs à leur avantage. Le plus sage sera donc d'assortir la transmission des parts d'une clause d'interdiction de les aliéner, par exemple pour la durée de l'usufruit du disposant ou de son conjoint.

> Une relative neutralité fiscale

Les avantages fiscaux permis par la société civile de portefeuille se situent sans conteste au niveau de la transmission des parts ; l'imposition afférente à la gestion des titres n'est en effet guère plus attractive que celle applicable à un portefeuille en direct. La société étant translucide (en supposant que les associés n'aient pas opté pour son assujettissement à l'IS), chacun d'eux peut exercer individuellement l'option pour l'application du prélèvement libératoire sur les revenus de placements obligataires. En vertu de la même règle de translucidité, il sera imposé, lors de la revente des titres en portefeuille, sur le montant des plus-values, au prorata de sa participation, au taux de 20,9 % au-delà du seuil annuel de cession de valeurs mobilières, fixé à 100 000 F en 1997. Ce seuil est cependant apprécié non pas au niveau de la société mais de chaque associé qui devra donc, pour déterminer le montant de ses cessions, ajouter celles réalisées par la société (en fonction de sa quote-part du capital) aux siennes propres. En matière d'ISF, les associés assujettis à cet impôt peuvent pratiquer une décote (le chiffre de 15 % est fréquemment avancé) sur la valeur des parts, en raison de leur faible liquidité. Mais la société civile est également réputée offrir une possibilité de plafonnement de l'ISF si elle opte pour l'IS. En vérité, cette solution est rarement attractive, car la dissolution de la société imposée à l'IS est onéreuse (4) ; cette option est irrévocable et elle peut ne pas convenir aux candidats repreneurs, au moment de la cession ultérieure des parts. Les éléments qui précèdent laisseraient une impression favorable s'ils n'étaient compensés par les inconvénients suivants :

● En matière de fiscalité des revenus, l'interposition de la société civile alourdit les obligations déclaratives. Si, la même année, un associé cède ses parts alors que la société a procédé à des cessions, le montant de celles-ci vient s'ajouter aux précédentes pour le calcul de la plus-value imposable, d'où un risque de double taxation.

● Un autre risque apparaît dans l'hypothèse d'une gestion trop active du portefeuille de la société. En effet, la spéculation boursière peut éventuellement être assujettie aux règles d'imposition des BNC (bénéfices non commerciaux) au taux progressif. L'art. 92-2 du CGI permet ainsi de taxer dans cette catégorie les produits des opérations de bourse effectuées à titre habituel et qui vont au-delà de la simple gestion de portefeuille. La situation reste exceptionnelle et mal définie mais elle n'en doit pas moins susciter la prudence.

Quel schéma de montage retenir ?

Aussi important que l'opportunité d'une société civile pour gérer un portefeuille-titres est le choix du montage à mettre en place : dans quel ordre réaliser les différentes opérations - constitution de la société, financement et transmission ? Comment procéder au démembrement des parts ? (4).

> La chronologie des opérations

Le schéma de montage le plus fréquent (mais pas nécessairement le plus attractif !) pour opérer la transmission d'un portefeuille à ses proches consiste à créer une société civile, y faire apport des valeurs mobilières à transmettre puis de procéder à la donation, éventuellement par tranches, des parts sociales en pleine propriété (ou plus souvent en démembrement). Mais si les titres apportés sont anciens et se sont fortement valorisés depuis leur acquisition, un tel montage peut s'avérer fiscalement onéreux : l'apport du portefeuille constitue en effet un fait générateur de taxation des plus-values. Une autre difficulté peut se poser : que se passe-t-il lors de la cession des titres, décidée par la société ? Le prix d'acquisition à prendre en compte sera la valeur constatée à la date d'apport, même si la donation des parts est intervenue entre temps.

En effet, parce qu'elle porte sur les parts sociales et non sur le portefeuille en direct, cette donation n'a pas pour effet de le revaloriser, règle que l'on a souvent tendance à oublier. Inverser la chronologie des opérations d'apport et de transmission permet de régler le problème de l'imposition des plus-values : on pourra procéder dans un premier temps à la donation de la nue-propriété des titres à charge pour les donataires d'en faire apport à une société civile à constituer et de se rémunérer avec la nue-propriété des parts de cette dernière. De son côté, le donateur apporte l'usufruit du portefeuille à la société, en échange de l'usufruit de ses parts. Ce faisant, la taxation des plus-values devrait être en grande partie évitée. En effet, l'apport de la nue-propriété du portefeuille à la société intervenant peu de temps après la donation des titres, la valeur d'apport sera sensiblement la même que celle prise en compte dans l'acte de transmission. Quant à l'incidence fiscale de l'apport de l'usufruit, elle sera d'autant plus faible que l'âge du disposant sera élevé au jour de l'apport (même en adoptant une méthode d'évaluation dite économique). Le même principe vaut a fortiori pour la donation des titres en nue-propriété (dont la valeur sera déterminée obligatoirement au moyen du barème de l'art. 762 du CGI (5). La mise en place de ce montage doit cependant être opérée avec prudence : la présomption de propriété posée par l'art. 751 du CGI sera-t-elle écartée ? Oui, si l'on considère que le démembrement résulte d'une donation consentie (depuis plus de 3 mois) avant le décès du disposant. Certes, cette donation n'aura pas porté sur les parts de la société civile, mais sur le portefeuille à son actif ; on pourra toutefois objecter, en réponse à l'administration fiscale qu'il s'agit d'un bien acquis en réemploi d'un bien donné.

> Incertitudes fiscales

Le plus souvent, les parts de la société de gestion de portefeuille sont démembrées entre usufruitiers et nus-propriétaires. Attributaires des fruits, les premiers doivent logiquement être imposés sur les revenus distribués par la société. Mais qu'en sera-t-il si les statuts prévoient une répartition différente ? Les bases d'imposition devraient être modulées en conséquence, si l'on en croit le Conseil d'Etat : «les bases d'imposition de chaque associé doivent être déterminées par référence à une répartition des bénéfices sociaux présumée faite conformément au pacte social, sauf dans le cas où un acte ou une convention passés avant la clôture de l'exercice a pour effet de conférer aux associés des droits dans les bénéfices sociaux, différents de ceux qui résulteraient de la seule application du pacte social» (6).

Plus délicat est le problème des plus-values : si leur produit se trouve réparti entre usufruitiers et nus-propriétaires par une disposition statutaire, il serait juste qu'ils contribuent chacun au paiement de l'impôt, dans la même proportion. Mais une réponse ministérielle Gantier du 23/12/1985 préconise l'assujettissement du seul nu-propriétaire et l'administration ne semble aujourd'hui pas prête à adopter une position différente, même si le nu-propriétaire ne joue que le rôle de figurant.

L'optimisation des avantages offerts par la société de gestion de valeurs mobilières passe par une rédaction minutieuse des statuts, la tenue d'une comptabilité précise (non obligatoire mais en pratique indispensable, notamment en cas de contrôle, ou de divergence des associés) et l'adoption d'un schéma de montage ad hoc. C'est la raison pour laquelle l'assistance d'un professionnel est fréquemment préconisée. Elle viendra bien sûr ajouter au coût et à la lourdeur de l'opération mais n'en sera pas moins largement justifiée par la possibilité de protéger efficacement le conjoint survivant et d'assurer une transmission harmonieuse. Sans oublier que la société civile de portefeuille peut jouer le rôle d'un club d'investissement familial, susceptible de renforcer les liens entre associés ou à tout le moins leur connaissance de la gestion boursière.

(1) Le taux d'intérêt, fixe sur toute la durée du crédit, est déterminé chaque semestre civil.

(2) Cf CGI annexe III, art. 398 et réponse ministérielle RICHERT, J.O. Sénat, 29/12/1994

(3) Cf Cass. Com. «De Gaste» 4/01/1994

(4) Puisque, au droit du partage de 1 % sur l'actif net partagé, s'ajoute le paiement du précompte pour les bénéfices antérieurs, mis en réserve depuis plus de 5 ans.

(5) L'art. 751 du CGI précise que font fiscalement partie, en pleine propriété, de la succession d'un contribuable, les biens qui lui appartiennent en usufruit, si la nue-propriété de ces biens est détenue par ses héritiers, légataires et personnes dites interposées, sans que cette détention procède d'une donation antérieurement consentie à eux par le défunt.

(6) Cf Conseil d'Etat, 7e, 8e et 9e sous-sections, 26 avril 1976, req. n° 93212

FINANCE

9 Comment dynamiser un portefeuille boursier ?

Tout le monde est d'accord. Sur le long terme, aucun placement n'est capable d'offrir un rendement supérieur à celui des actions. Avec toutefois une réserve : le rendement est proportionnel au risque. D'où l'intérêt pour les investisseurs de savoir optimiser leurs actifs. Les moyens ne manquent pas.

Les spécialistes de la finance sont unanimes : l'allocation optimale d'un portefeuille boursier dans une perspective de dix à quinze ans, est une répartition de l'ordre de 70 % en actions et 30 % en obligations. Cependant, une allocation d'actifs ne peut jamais être définitive. En effet, une fois cette première grande répartition effectuée, il reste à opérer au sein de ces deux postes la diversification la plus adéquate en fonction des évolutions conjoncturelles. C'est là que se trouve la clé de l'optimisation d'un portefeuille. Selon Eric Michel, directeur de la gestion chez State Street Banque, «70 % de la performance globale d'un portefeuille résulte de l'allocation des actifs». Et là, il n'y a pas de recette miracle. Mais, différentes méthodes de gestion. Quand certains appliquent la gestion quantitative, d'autres préfèrent retenir une approche ascendante. A ceux qui ne jurent que par la recherche sectorielle ou géographique, les autres répondent par une analyse microéconomique. La gestion de valeurs mobilières, on l'aura compris, est un vaste monde, où s'affrontent bien des méthodes. Chacune possède indéniablement ses qualités, et toutes sont à même de faire preuve d'efficacité.

Deuxième étape : choisir ses supports. Il est toujours possible de gérer en direct son portefeuille boursier. Mais une telle pratique réclame du temps et un minimum de connaissances économiques et financières. Aux investissements en direct, il est préférable d'opter pour une gestion sous mandat (accessible à partir de 500 000 francs dans la plupart des établissements) ou une gestion collective à travers les Opcvm, de droit français ou étranger. Ces véhicules d'investissement présentent de nombreux avantages. Les frais sont moindres, la fiscalité attrayante (dans la mesure où l'épargnant ne paie pas de plus-values à chaque mouvement), la gestion sérieuse et le risque limité. Pour preuve, même les investisseurs institutionnels y ont recours : ils représentent 70 % à 80 % de l'encours global des sicav. Pour des investissements sur certaines zones géographiques (Asie, Amérique latine...) ou sur des secteurs d'activité «à risque» (matières premières...), le recours aux Opcvm s'impose. Car si la rentabilité est présumée supérieure, il vaut mieux répartir le risque sur plusieurs lignes de titres. Et faire confiance aux spécialistes.

> Regain inflationniste : quel impact sur les actions ?

De nombreux économistes prévoient dans un futur proche des tensions inflationnistes susceptibles de frapper les pays occidentaux, et donc de menacer la rentabilité des actions au profit des obligations. Qu'en est-il exactement ? Eric Michel, de State Street Banque, reste optimiste : «Tout dépend de la translation inflation-hausse des taux. Nous considérons actuellement que les taux réels sont suffisamment élevés pour absorber la tension. Par conséquent, l'impact sur les actions devrait rester faible. D'autant plus que s'il y a inflation, on peut s'attendre à une révision à la hausse des bénéfices de la part de certaines entreprises. D'où "un bon coup" à jouer pour ceux qui sauront anticiper les mouvements du marché.»

Attention quand même aux effets de conjoncture. Les fortes hausses des marchés d'actions des grandes places internationales conjuguées à la remontée récente des taux d'intérêt à long terme (partout dans le monde sauf en France) incitent les gestionnaires de portefeuille à réduire leur pondération actions au profit des produits de taux.

> Gérant de portefeuille : le bon choix

Pour accéder aux marchés boursiers, le particulier dispose de tout un éventail de professionnels compétents. Mais le choix d'un bon gestionnaire impose certaines garanties. Outre le Trésor public, la Caisse des dépôts, la Banque de France et La Poste, plusieurs catégories de sociétés sont habilitées à recevoir des mandats de gestion de portefeuille. Les banques et les grands réseaux (Caisse d'Epargne, Crédit Mutuel, Crédit Agricole) offrent principalement des produits de gestion collective et, à partir de 500 000 francs, une gestion personnalisée.

Les sociétés de gestion de portefeuille qui répondent aux conditions de la loi du 2 août 1989 sont habilitées à recevoir des mandats de gestion de portefeuille. Pour la plupart de taille modeste, elles ne sont pas dépositaires des fonds qui leurs sont confiés, mais offrent l'avantage d'une gestion très personnalisée. Enfin, reste les sociétés de Bourse, la plupart filiales de banques.

Quel que soit le partenaire choisi, il vaut mieux éviter de donner une procuration générale, et établir un contrat qui précise la durée du mandat, l'objectif, les marchés et les limites du risque. Il faut aussi pouvoir bénéficier d'un service d'informations régulier, et tenir compte de la rémunération du gérant. Les commissions peuvent s'établir sur la totalité du portefeuille ou sur la plus-value constatée en fin d'exercice. D'autres frais viennent ensuite se greffer : droits de garde, frais de courtage (à surveiller de près).

Le gestionnaire de portefeuille n'est tenu à aucune obligation de résultat et ne peut être poursuivi que s'il y a maladresse, imprudence ou négligence caractérisées. Si le client est mécontent, il peut résilier le contrat sans préavis.

> Les ratios incontournables

La seule performance ne peut suffire à garantir la qualité d'un fonds. Et pourtant, les promoteurs n'hésitent pas à la mettre en avant. Elle est certes parlante, facile à saisir, mais ne tient pas compte de suffisamment de critères. Une performance absolue ne signifie pas grand chose. Car, si telle sicav se targue d'avoir réalisé une performance annuelle de 25 %, cette progression peut s'avérer modeste si dans le même temps l'indice de référence a enregistré une hausse de 30 %.

La palette de ratios dont disposent les gérants est pourtant bien fournie. Si nombre d'entre eux reposent sur des modèles mathématiques particulièrement complexes, d'autres sont nettement plus acccessibles. Et permettent de se faire une idée précise sur les réels avantages d'un fonds ou, a contrario, sur ses risques.

Globalement, l'analyse d'un fonds repose sur trois grandes familles :

● l'analyse de la performance. Au-delà de la performance réalisée depuis l'origine, du taux de rentabilité annuelle et de la rentabilité mensuelle, il est souvent instructif de s'arrêter sur les ratios suivants :

- bêta : il permet de mesurer la sensibilité d'un fonds aux évolutions du marché pris en référence. Le fonds est d'autant moins sensible aux variations du marché que son bêta est faible.

- alpha : ce ratio offre la possibilité de mesurer la rentabilité mensuelle attendue lorsque le marché a une rentabilité nulle.

- R2 : c'est le pourcentage des variations du fonds dépendant des variations du marché. Ainsi, un coefficient 100 indique que les évolutions du fonds sont totalement dépendantes des évolutions du marché ou de l'indice pris en référence.

● l'analyse du risque. Pour se rendre pleinement compte de cet aspect d'un fonds, il est souvent judicieux d'analyser la volatilité, la perte maximum sur 1 mois, le pourcentage des mois en baisse, le pourcentage des mois en hausse, ainsi que la baisse moyenne sur les mois en baisse et la hausse moyenne sur les mois en hausse.

● l'analyse de rentabilité/risque. Deux ratios sont primordiaux pour appréhender cette partie de l'analyse globale :

- ratio d'efficience : c'est la mesure de la rentabilité sur la volatité en données annualisées. Plus ce ratio est élevé, plus le fonds est rentable par rapport au risque pris.

- ratio rentabilité/risque : il s'agit d'un calcul permettant de mesurer la rentabilité annuelle moyenne d'un fonds rapportée à sa perte mensuelle la plus importante. Un ratio élevé indique une bonne rentabilité par rapport au risque.

Reste qu'il n'est pas toujours facile d'avoir accès à ses informations. Mais, dans tous les cas, il sera prudent de tenter de les obtenir afin de maîtriser pleinement les caractéristiques d'un fonds.

> Le gestionnaire activiste

Reconnu par les professionnels des marchés financiers américains et européens, Michael Price est à 44 ans l'un des gestionnaires les plus remarqués. Doté d'une silhouette un peu ronde, d'un sourire rare mais généreux, ce gérant est devenu l'un des spécialistes de la méthode d'investissement dite de value investing. Le principe en est simple : il consiste à s'intéresser aux titres de sociétés délaissées par le marché et dont le cours boursier est estimé sous-évalué au regard de la valeur des actifs ou du potentiel de restructuration. Cette approche, unique aux Etats-Unis et en Europe, implique une démarche d'actionnaire actif. A savoir, Michael Price et son équipe de Heine Securities Corporation (100 personnes au total) n'hésitent pas à rencontrer les dirigeants d'entreprise pour les inciter à améliorer la gestion de leur société. C'est ainsi qu'en 1995, il a acquis 6 % du capital de Chase Manhattan et a très largement contribué à la fusion avec Chemical Bank. Bénéfice de l'un de ses quatre fonds : 275 millions de dollars. Alors, loup terrible ? Michael Price s'en défend. La value investing s'intéresse en priorité à la valeur réelle de sociétés pour lesquelles il est souvent indispensable de mettre en place des moyens de gestion plus adéquats. En clair, Heine Securities Co. ne s'attache pas à la recherche de «coups» ponctuels, mais à celle de véritables investissements, basée sur une échéance minimale de deux ans.

A présent, les investisseurs français, tant privés qu'institutionnels, vont pouvoir profiter de ce type de gestion à travers un FCP, World America, proposé par HDF Gestion et géré par Michael Price. En matière de gestion d'actions, il y a donc fort à parier que la méthode de value investing fera probablement des adeptes en France d'ici peu de temps. Une bonne chose, dans la mesure où les performances de ces fonds sont bien supérieures aux indices de référence et le risque limité du fait d'une très forte diversification.

> Les grands principes de la gestion quantitative

La gestion quantitative vise avant tout à battre un indice de référence. Le modèle de base repose sur une allocation globale d'actifs qui développe deux approches fondamentales complémentaires. La première est stratégique, et définit à moyen-long terme une combinaison de classes d'actifs en fonction de paramètres de rentabilité et de risques (le benchmark). La seconde est tactique, et optimise les allocations en fonction des paramètres du marché (le market timing). L'objectif est d'offrir une relative flexibilité dans le positionnement à court terme en fonction des anticipations du marché, par le calcul d'une prime de risque qui mesure l'attractivité relative des actions par rapport aux obligations. Sur le moyen terme, l'écart entre la rentabilité espérée des actions et des obligations doit converger vers une prime d'équilibre qui reflète le différentiel de risques entre les deux classes d'actifs. Ensuite, lorsque le modèle décèle un écart, il évalue une probabilité de retour à l'équilibre qui détermine le positionnement.

Un second modèle détermine l'allocation géographique d'actifs. D'une part en détectant les places boursières sous-évaluées, en étudiant des ratios financiers normalisés «historiquement». D'autre part en recherchant les places attractives, par une approche prospective d'actualisation de cash-flow et de prise en compte des taux d'intérêt.

Il en résulte des taux de rentabilité interne pour chaque pays, ce qui permet d'élaborer des portefeuilles présentant un couple rentabilité-risque optimal par rapport au benchmark.

Enfin, reste à choisir les valeurs. Le modèle de sélection analyse les paramètres classiques (ratio cours/actif net, PER, rendement, liquidités...) secteur par secteur, pays par pays. Une approche complétée par une tendance d'estimation bénéficiaire.

> Investir à l'étranger : des opportunités profitables

En 1996, Wall Street a gagné 26,5 % après avoir progressé de 32 % en 1995. Il y a là de quoi être tenté par des investissements hors des frontières. Mais est-ce bien raisonnable ?

En terme de performances brutes, la plupart des places financières européennes devancent Paris. Mais il faut, pour une plus juste appréciation des performances, tenir compte des taux de change. Lesquels atténuent les perspectives de gains en raison de la bonne tenue du franc face aux principales devises étrangères. D'éventuelles plus-values réalisées en Angleterre se retrouvent ainsi amputées de plus de 5 %. A l'inverse, les gains sur des titres italiens sont «dopés» par la reprise de la lire.

Une autre bonne raison de diversifier ses placements est que, malgré la mondialisation des marchés, les cycles économiques ne se produisent pas au même moment et ont des amplitudes diffèrentes selon les zones géographiques. Investir dans un portefeuille de valeurs étrangères présente dès lors un double attrait. Pour tirer parti des opportunités qui peuvent se présenter, et pour limiter les risques.

Mais attention, si le charme de valeurs «exotiques» est attractif, il n'en reste pas moins vrai que les risques sont grands. Les investissements à l'étranger doivent demeurer limités, et effectués au travers de sociétés de gestion agréées ou d'Opcvm.

Pour investir à l'étranger, le particulier dispose de plusieurs moyens : ouverture d'un compte dans une maison de titres en France ou à l'étranger, Opcvm de droit français ou non. Pour un accès direct aux marchés internationaux, il est possible d'ouvrir un compte à l'étranger, puis de procéder à des opérations sur place (achat et vente de titres non cotés en France). Une formule coûteuse. A New York, il faut compter 3 % de frais (avec un minimum de 30 dollars, soit 150 francs) pour chaque intervention. A Londres, le courtage atteint 2 % pour un ordre inférieur à 100 000 francs. Des coûts auxquels s'ajoutent les commissions de change lors des virements de fonds. Sans oublier qu'il faut s'exprimer parfaitement en anglais, et... être capable de remplir sa déclaration d'impôt. En effet, l'investisseur devra reporter sur sa déclaration toutes ses opérations, et calculer lui-même ses revenus convertis en francs en appliquant le taux de change au jour de l'encaissement. Une tâche dont n'aura pas à s'occuper le client qui ouvre un compte dans une maison de titres implantée en France. Et qui, de la même façon, lui donnera accès aux quelque 4 000 titres cotées aux États-Unis, ou aux 7 000 firmes présentes sur le marché londonien. Pour Christian Fanti, de Véga Finance, «il est inutile d'investir sur une place étrangère en direct pour un montant inférieur à 70 000 francs.»

Sinon, autant profiter des valeurs étrangères présentes à la Bourse de Paris. 80 sociétés sont inscrites au Règlement mensuel, 101 au Comptant, 3 au Second marché. Les coûts de transaction y sont raisonnables, les informations facilement accessibles. Et les cours ajustés par des arbitragistes en fonction du cours sur la place directrice et des taux de change. Enfin, pour les particuliers désireux de profiter de certaines opportunités sur des marchés lointains, comme l'Asie, ou porteurs - les marchés émergents -, les Opcvm constituent le meilleur véhicule pour arriver à bon port. «Je ne conseille pas du tout un investissement en direct sur les émergents. C'est trop risqué, explique Éric Michel. En revanche, de nombreux fonds existent désormais, qui permettent de diluer le risque tout en permettant de capturer la forte croissance de ces places boursières.»

> Opcvm Luxembourgeois : pour les investisseurs actifs

Quelles sont les raisons qui peuvent pousser un Français à investir dans un Opcvm de droit étranger, alors que la France propose quelques milliers de sicav et Fcp en tout genre ? La fiscalité ? Elle est identique, sauf à frauder. Les droits d'entrée ? Ils sont certes moins élevés qu'en France, mais cela ne suffit pas à justifier un investissement hors des frontières. Une diversification sur les grands marchés internationaux ? L'offre nationale est déjà très riche dans ce domaine.

Non, la vraie raison se retrouve dans la souplesse de mouvements et le choix de produits très pointus (investir au Pakistan ? C'est possible !). Dès lors, ce type de fonds ne s'adresse qu'à une clientèle à revenus élevés. Les sicav luxembourgeoises sont en effet pour la plupart composées de compartiments. C'est-à-dire qu'il n'est plus nécessaire d'éparpiller les investissements dans une multitude de supports pour avoir accès à des créneaux très spécialisés. Ce type de formule, que l'on retrouve aussi en Irlande et en Belgique, n'est pas autorisé en France. Mais pour l'investisseur audacieux, cette souplesse de gestion permet d'opérer de fréquents déplacements d'un compartiment vers un autre à faibles frais (seuls les frais de transfert, de l'ordre de 1 %, sont comptés).

La banque de données Micropal comptabilise actuellement 476 Opcvm ayant obtenu le label européen de la COB. Un label qui, selon André Coisne, de Fidelity Investments, «est un gage de qualité et de sérieux, une garantie pour les investisseurs». Bref, de quoi satisfaire les appétits des plus gourmands. D'autant plus que ces fonds (très) spécialisés affichent des espérances de gains très supérieures à ceux des produits français les plus performants.

Dernier point : A moins de transgresser les règles, les Français sont tenus de déclarer au fisc les profits réalisés sur leurs comptes étrangers. En conséquence, les revenus et plus-values subissent la même taxation que tout produit de droit français. Il n'existe donc pas de réel avantage fiscal, sauf à omettre les déclarations.

> Les pays émergents

Franchir l'équateur pour investir semble aujourd'hui encore quelque peu hasardeux aux yeux de certains conseillers. Et pourtant. Si l'on ne s'en tient qu'aux performances des indices boursiers, il apparaît sans nul doute possible que les progressions les plus impressionnantes ne sont pas réalisées dans l'hémisphère nord. Reste néanmoins qu'il n'est pas aussi facile d'estimer la santé financière d'une entreprise selon qu'elle est cotée à Paris ou à Kingston.

De façon hâtive, certains promoteurs ont, de plus, trop vanté les mérites de ces pays dynamiques. A tel point que des investisseurs y ont vu une sorte d'eldorado boursier. C'était bien entendu sans compter sur les risques inhérents à toute place boursière, particulièrement lorsqu'elles sont volatiles. Il n'empêche que les pays émergents demeurent de formidables moyens de diversifier des actifs boursiers. Si la capitalisation boursière des pays émergents représente environ 15 % de la capitalisatio boursière mondiale en 1995, certains professionnels estiment que cette proportion atteindra près de 40 % en 2010. Ils ne doivent donc pas être négligés, mais pour cela il faut faire preuve de patience et de raison. Il est donc très fortement recommandé de choisir avec précaution un Opcvm dont le gestionnaire est reconnu de longue date et ne promettant pas de gains mirifiques. Et, précaution capitale, ne pas y consacrer plus de 10 % d'un portefeuille de valeurs mobilières.

> Les fonds aurifères

Le métal jaune constitue une excellente source de diversification. Et cela, à plus d'un titre. Tout d'abord parce que l'or demeure l'une des dernières valeurs refuge. Comment expliquer en effet que les banques centrales en conservent de telle quantité si ce n'est pour mettre les Etats à l'abri d'une hypothétique tornade monétaire ? En second lieu, il n'a pas été trouvé à ce jour une marchandise susceptible de le remplacer. Enfin parce que l'or constitue un excellent rempart contre des pressions inflationistes.

Cependant, la détention en France d'or physique est très lourdement taxée (8 % à l'achat et à la revente). Une raison pour laquelle il faut porter ses choix sur les sicav aurifères, d'autant que les compétences des gestionnaires français dans ce domaine sont internationalement reconnues.

Un Opcvm monétaire n'est pas forcément un moyen de dégager des gains importants, mais demeure un placement long terme particulièrement sécurisant.

> La fiscalité des revenus d'actions étrangères

De nombreuses conventions fiscales de non double imposition ont été signées par la France depuis les années 50, ce qui favorise les investissements à l'extérieur. Un cadre juridique dont bénéficient également les valeurs mobilières étrangères.

Ces accords impliquent le partage du droit d'imposition entre les pays contractants, ce qui se traduit par une déduction du montant de l'impôt étranger sur l'impôt français. Concrètement, l'investisseur dispose d'un crédit d'impôt calculé en multipliant les revenus nets encaissés par des pourcentages fixés par les conventions fiscales internationales. Pour la plupart des pays occidentaux, le crédit d'impôt s'élève à 18 %, à l'exception toutefois de la Suisse (5,30 %) et de l'Irlande (0 %). Lorsque le particulier investit par l'intermédiaire d'un établissement basé en France, celui-ci calcule automatiquement le montant du crédit d'impôt auquel ces revenus donnent droit. Un montant que le contribuable reporte sur sa déclaration d'IR.

A l'inverse, si les revenus d'actions étrangères sont perçus directement, le contribuable doit remplir une déclaration spéciale (formulaire n° 2047), en indiquant lui-même le taux du crédit d'impôt ainsi que le montant des revenus perçus convertis en francs en appliquant le taux de change au jour de l'encaissement.

> La couverture d'un portefeuille
Le Matif

Les marchés dérivés font intervenir des valeurs mobilières virtuelles. Ils reposent sur des contrats par lesquels les acteurs du marché s'engagent à prendre livraison d'une qualité convenue à l'avance de titres financiers, pour un prix et à une date fixés au moment de l'établissement du contrat. Conçus à l'origine comme des instruments de couverture contre les risques de fluctuations des cours, les marchés à terme constituent un champ d'intervention privilégié pour les particuliers fortunés qui souhaitent spéculer.

Les marchés dérivés se caractérisent par un volume d'affaires très important (environ 100 milliard de francs d'échanges quotidiens sur le Matif), sur lesquels les investisseurs peuvent intervenir à tout moment.

Pour être autorisé à intervenir sur le Matif, un dépôt de garantie (ou deposit) est exigé. Il doit représenter au minimum de 3 à 5 % du montant nominal investi, avec un minimum légal de 15 000 francs. Le deposit joue un rôle très précis dans la sécurité des opérations, car l'évolution du compte est apurée d'un jour sur l'autre afin de préserver la solvabilité des intervenants.

Avec un deposit de 15 000 F, l'investisseur peut intervenir pour un montant de 500 000 F. C'est l'effet de levier, qui augmente la sensibilité du capital investi aux variations de cours. Qu'il soit favorable ou défavorable, il a pour effet de doper le rendement réel de l'investissement. Par exemple, un gain de 1 % sur un investissement de 500 000 francs rapporté à l'investissement réel (le montant du deposit, soit 15 000 francs) correspond à un rendement de 33 %.

Dans la mesure où les marchés à terme fonctionnent par anticipations, il existe des opportunités de gains quelle que soit la tendance du marché. Ainsi, si l'on croit à une hausse du marché, il faut se positionner comme acheteur à terme afin de revendre à un prix supérieur. Et à l'inverse, comme vendeur à terme si l'on anticipe une baisse du marché. Lorsque les mouvements du marché sont contraires à ses propres anticipations, le deposit se met à fondre. Dans ce cas, deux solutions. Soit l'intervenant espère un retournement et reste présent sur le marché, au risque de perdre encore plus (il faut pour cela réapprovisionner le deposit). Soit il liquide sa position pour limiter les pertes.

Quelques sociétés de gestion de portefeuille sont spécialisées dans les interventions sur ce type de marchés. Certains prétendent qu'il faut les fuir comme la peste. Les marchés dérivés ne seraient-ils donc que de terribles moyens de spéculer ? Par principe, il s'agit avant tout de marchés offrant comme possiblité la couverture des risques liés aux fluctuations des titres boursiers ou du prix de certaines marchandises ou devises selon les places. Certes, rien n'interdit la spéculation. Mais, ce n'est pas leur but premier.

Le Monep

Le Marché des options négociables de Paris (Monep) peut permettre d'optimiser certains placements boursiers. Il offre en effet la possiblité de couvrir certains placements par le biais de différents contrats, et cela pour un investissement modeste (le premium). Car, quelle que soit leur spécificité, tous les marchés dérivés fonctionnent sur la même base : l'anticipation des cours. Quand certains estiment que telle action ne peut que monter, d'autres à l'inverse considèrent qu'elle ne peut que baisser. La chambre de compensation permet de faire se rencontrer ses points de vue en garantissant le niveau des liquidités.

Le Monep propose deux grands types d'options : soit sur actions (pour couvrir un portefeuille détenu en direct), soit sur indice Cac 40 (à court terme et à long terme).

Certes, quelques connaissances techniques sont nécessaires. Mais, dans bien des cas, le Monep peut se révéler un excellent moyen de couvrir un portefeuille. Et de dégager de substantiels gains… dans certains cas.

> Choisir le cadre juridique

La société civile

Le recours à la société civile dans le cadre de la gestion de portefeuille présente de nombreux avantages. Mais y recourir systématiquement est inutile. Car la société civile de portefeuille s'applique à des situations bien précises, et l'opération est tout de même complexe. L'intérêt d'un tel mode de détention est surtout évident lorsque s'affirme la volonté de transmettre un portefeuille.

Au premier rang de ses atouts, la société civile permet de séparer le portefeuille du patrimoine. Ce qui présente l'avantage de favoriser les opérations de démembrement, en évitant une double imposition lors de la transmission d'actifs démembrés. D'autre part, le donateur peut, par le biais de la société civile, conserver un droit de regard sur la gestion des actifs, même s'il en a perdu la propriété. Les statuts de la société civile permettent en effet de séparer propriété du capital et pouvoir de gestion. Enfin, la société civile permet de gérer son portefeuille sans faire perdre le bénéfice du paiement différé des droits de succession, les parts sociales représentatives étant immuables.

Sur le plan fiscal, la société civile peut profiter du régime d'imposition sur les sociétés. Ce qui permet de bénéficier du décloisonnement des revenus et des charges. Les revenus mobiliers peuvent alors compenser les déficits fonciers, et la société devient une «zone de défiscalisation». Pour Christian Fanti, la société civile de portefeuille présente en outre un autre avantage, car la valeur retenue sur la déclaration à l'Isf peut ne pas être celle au 31 décembre de l'année précédente, ce qui est important pour des valeurs dont les cours fluctuent au quotidien et qui ne sont donc pas à l'abri de fortes baisses.

L'assurance vie

Avec l'avènement des contrats multisupports on peut utiliser l'assurance vie comme cadre pour des opérations boursières. Ce qui permet une gestion active et diversifiée des placements mobiliers, et ce, à l'intérieur d'une enveloppe légale offrant des dispositions fiscales exceptionnelles, les plus-values n'étant pas imposées.

Le contrat multisupport offre le choix entre plusieurs fonds investis sur les marchés financiers au travers de

Sicav et Fcp de capitalisation. Comme avec les Opcvm en direct, les assurés profitent des performances réelles des fonds, à la hausse comme à la baisse. Selon les compagnies, les supports proposés vont de trois à... 700 pour le contrat de Véga Finance.

Le PEA

Parmi les divers produits fiscalement avantageux, le Plan d'épargne en actions (PEA) est souvent négligé. Pourtant, il permet d'investir en actions françaises et valeurs mobilières assimilées (certificats d'investissement, droits ou bons de souscription) à hauteur de 600 000 francs par personne en bénéficiant d'une exonération fiscale. Certains Opcvm peuvent bénéficier des avantages du PEA (Sicav investies à hauteur de 60 % en valeurs françaises, Fcp à hauteur dc 75 %).

Plus précisément, dividendes, avoirs fiscaux (crédités par l'établissement teneur de compte avec un certain délai) et plus-values sont éxonérés si le plan est conservé cinq ans au moins.

L'ouverture d'un PEA est judicieuse si l'épargnant prévoit de se constituer un portefeuille boursier à moyen terme. Dans cette optique, un faible apport initial suffit pour ouvrir le plan et faire courir le délai de cinq ans qui permet une éxonération. Pour les particuliers qui possèdent par ailleurs un portefeuille titres classiques, destiner au PEA les actions à fort rendement permet d'optimiser la fiscalité, puique les dividendes encaissés sont exonérés d'impôt. Enfin, dans une optique spéculative, on peut alimenter le PEA en valeurs susceptibles d'être vendues rapidement.

10 Pourquoi lire un bilan avant d'investir en Bourse ?

Lorsqu'il s'agit de déterminer la valeur réelle d'une entreprise cotée en Bourse la lecture du bilan constitue une indication de premier ordre, plus facile qu'il y paraît : il suffit, le plus souvent, de s'attacher à quelques ratios-clés.

Document comptable, le bilan (1) se présente sous la forme d'un tableau de synthèse : il retrace à un moment donné la structure patrimoniale de l'entreprise. D'un côté on trouve l'actif soit tout ce que possède l'entreprise (terrains, bâtiments, machines, stocks, créances, etc), et d'un autre le passif c'est-à-dire tout ce qu'elle doit.

> L'actif

L'actif se décompose en trois grandes catégories de postes :

- les immobilisations
- les actifs circulants
- les disponibilités

Pour chaque poste d'actif, le bilan comptable indique dans une première colonne la valeur brute (coût d'acquisition) du bien concerné, dans une seconde colonne les amortissements ou provisions pour dépréciation passées sur ce bien selon qu'il s'agisse d'un bien amortissable ou non et enfin dans une troisième colonne la valeur nette comptable de ce bien qui n'est autre que la valeur d'origine diminuée des amortissements ou provisions figurant dans la deuxième colonne. Pour la lecture et l'analyse d'un bilan on raisonne toujours sur la valeur nette des postes.

> Les immobilisations

Ce sont tous les actifs destinés à rester durablement dans le patrimoine de l'entreprise. Cette catégorie d'actifs se scinde à son tour en trois sous catégories : les immobilisations incorporelles, les immobilisations corporelles et les immobilisations financières.

● Les immobilisations incorporelles

Ce sont pour l'essentiel les brevets, le fonds de commerce, les marques, etc. Le problème ici réside dans la difficulté de valoriser de tels éléments.

● Les immobilisations corporelles

Il s'agit des actifs immobilisés qui ont une réalité sensible, palpable, comme les terrains, les bâtiments, les machines, les véhicules, le mobilier, etc... Elles se subdivisent en immobilisations amortissables et non amortissables. Les terrains sont des immobilisations corporelles non amortissables, c'est-à-dire qu'ils sont censés ne pas subir de dévalorisation avec le temps.

Les immobilisations amortissables sont celles qui, au fil du temps, subissent une dépréciation qui doit être constatée comptablement.

Cette perte de valeur est donnée par les amortissements pour chaque immobilisation ; aussi suffit-il de déduire les amortissements pratiqués sur un actif corporel immobilisé pour en déduire sa valeur nette comptable, la seule à prendre en considération lors de l'analyse du bilan.

● Les immobilisations financières

Ce sont principalement les titres de participation, c'est-à-dire les droits sociaux détenus dans une ou plusieurs filiales et qui à l'inverse des titres de placement sont destinés à rester durablement dans l'entreprise.

> Les actifs circulants

Ce sont pour l'essentiel les stocks de produits ou de marchandises ainsi que les créances détenues sur les clients.

> Les disponibilités

Ce sont les produits de trésorerie tels que des titres de placement, des parts de sicav, de Fcp, etc., ainsi bien sûr que les comptes bancaires et les montants en caisse.

> Le passif

Il décrit les ressources que l'entreprise a mobilisées pour financer ses actifs et se divise entre les capitaux propres (passif interne) et les capitaux étrangers (passif externe).

Entre ces deux grandes catégories on trouve les provisions pour risques et charges, lesquelles figurent au bilan pour répondre à un souci de prudence. Ces provisions constituent une dépense probable alors que les provisions pour dépréciation figurant à l'actif constatent une perte de valeur de l'élément d'actif concerné. Parmi ces provisions pour risques et charges on peut trouver des provisions de propre assureur. On peut aussi trouver des provisions pour couvrir des dépenses probables telles que des indemnités de fin de carrière ou encore destinées à faire face à un engagement de versement de pensions dans le cadre d'un régime de retraite chapeau. Par ailleurs l'entreprise peut provisionner pour faire face à un risque de redressement fiscal suite à un contrôle, etc... Ces provisions sont donc des débours prévisibles mais elles ne sont pas irréversibles ; par conséquent, et pour les besoins de l'analyse, il convient de s'interroger pour savoir s'il s'agit de capitaux propres ou de dettes. Normalement les précisions nécessaires pour opérer cette distinction sc trouvent dans l'annexe, sinon il faut demander les précisions au dirigeant de l'entreprise ou à l'expert-comptable.

> Les capitaux propres

Ils comprennent en premier lieu le capital social (capital de l'exploitant dans les structures individuelles). On trouve ensuite les réserves (bénéfices accumulés au fil des exercices et conservés dans l'entreprise), et le résultat en instance d'affectation (qui sera distribué en tout ou partie aux associés ou intégré aux réserves).

Il peut paraître incohérent de ranger les capitaux propres de l'entreprise au passif du bilan, mais cela s'explique par le fait que juridiquement les associés ont des droits sur ces capitaux qui revêtent in fine le caractère d'une créance dont chaque associé détient une fraction en cas de départ ou en cas de dissolution ; il est vrai aussi que les associés ont un statut de créanciers sous-chirographaires (on dit encore hypo-chirographaires) susceptibles de recouvrir leur mise seulement après paiement de tous les autres créanciers (Trésor, Urssaf, personnel, fournisseurs...).

> Les capitaux étrangers

On distingue dans cette catégorie les dettes à long terme, soit à plus d'un an, et les dettes à court terme c'est-à-dire à moins d'un an (dettes fournisseurs, comptes courants d'associés, dettes Urssaf, crédits de trésorerie...).

> Les capitaux permanents

Ce sont les ressources stables de l'entreprise représentées par la somme des capitaux propres et des dettes à long terme.

> L'interprétation du bilan

Cette interprétation se fait à partir de grandeurs calculées (fonds de roulement -FR-, besoin en fonds de roulement -BFR-, actif net) et de ratios qui renseignent sur la structure patrimoniale de l'entreprise.

D'emblée, il faut souligner que ces indicateurs n'ont pas toujours de signification en soi : c'est surtout leur évolution dans le temps qui permet de se former une opinion sur la situation et le devenir de l'entreprise. A ce propos, les documents que les entreprises sont tenues de fournir à l'administration comportent les données sur deux exercices (l'exercice clôturé et l'exercice précédent) ; cela permet de voir l'évolution favorable ou défavorable des grandeurs clefs sur au moins deux bilans.

> Les grandeurs calculées

On en retiendra trois :

1- L'ACTIF NET = ACTIF TOTAL - CAPITAUX ETRANGERS

Il s'agit donc de la différence entre le montant de l'actif et les capitaux étrangers. On parle aussi de situation nette. C'est un concept très utile ; il permet en effet d'approcher la valeur patrimoniale de l'entreprise pour adjoindre celle-ci à la valeur du patrimoine non professionnel et faire par exemple des simulations quant aux droits de transmission à payer en cas de succession ou de donation. Cet actif net devra néanmoins être corrigé, le plus souvent à la hausse (on parle alors d'actif net réévalué), comme nous le verrons dans l'exemple.

2- LE FONDS DE ROULEMENT

Ce concept renseigne sur le montant des capitaux permanents destiné au financement des actifs circulants (stocks, créances clients). Sa valeur est :

FR = capitaux permanents - montant total des immobilisations

3- LE BESOIN EN FONDS DE ROULEMENT

Cette grandeur indique la part des actifs circulants qui doit être financée par des capitaux permanents pour ne pas risquer de fragiliser l'équilibre financier de l'entreprise. Tout comme le fonds de roulement, cette grandeur n'est pas figée, elle évolue dans le temps dans le même sens que le chiffre d'affaires. Sa valeur est :

BFR = Actifs circulants - dettes à court terme non financières

(c'est-à-dire les dettes à moins d'un an, abstraction faite des concours bancaires à court terme).

> Les ratios

Ces ratios se définissent comme le rapport entre deux grandeurs tirées ou construites à partir du bilan. On peut en imaginer autant qu'on veut. Ils jouent un peu le rôle de clignotants destinés à guider la politique financière de l'entreprise ; avec les moyens informatiques actuels il est d'ailleurs possible de modéliser c'est-à-dire de simuler des bilans prévisionnels à partir d'un ensemble de ratios et de certaines hypothèses liées à l'évolution des données de marché (chiffre d'affaires). Dès lors, de tels bilans prévisionnels peuvent fournir une idée de la valeur de l'entreprise sur un horizon de temps plus ou moins rapproché, sans compter qu'ils peuvent aussi jouer comme outils de pilotage de l'entreprise en fournissant des indicateurs avancés aux décideurs.

Cela étant pour une analyse rapide il convient de se limiter à trois ou quatre ratios. On citera :

- Le ratio d'endettement = dettes totales/capitaux propres

Il ne doit pas dépasser 1, sinon l'autonomie financière de l'entreprise risque d'être très précaire et les charges financières risquent de pomper dangereusement sa capacité d'autofinancement.

- Le ratio de rentabilité = résultat net/capitaux propres

Un taux de 10 % est généralement considéré comme satisfaisant par les agences de notation à condition qu'il se vérifie sur plusieurs exercices.

• Le ratio de couverture du besoin en fonds de roulement = FR/BFR

En dehors du cas atypique des groupes de la grande distribution (Carrefour, Leclerc, Auchan, etc), ce ratio ne doit pas descendre en dessous de 1.

> Ce que la loi impose

La loi impose aux entreprises la production de comptes annuels qui renseignent sur leur situation patrimoniale. Ces comptes annuels obligatoires sont au nombre de trois : le bilan, le compte de résultat et l'annexe, un document destiné à fournir des précisions sur le bilan et le compte de résultat ; elle apporte aussi certains compléments d'information sur les engagements hors bilan de l'entreprise comme les cautions données, par exemple.

(1) Cet article n'a pas la prétention d'analyser tous les tenants et aboutissants du bilan ni d'aller au fond de chaque concept. Sa seule ambition est de donner un minimum d'informations de nature à permettre de se faire une opinion rapide sur la situation patrimoniale d'une entreprise.

11 Faut-il se positionner sur les obligations à taux variables ?

Baisse des taux d'intérêt à long terme en 1995... Poursuite de cette détente en 1996... Les obligations à taux fixe offrent-elles encore un intérêt dans cet environnement ou doit-on s'intéresser aujourd'hui aux obligations à taux variable et modifier sa stratégie d'investissement ? Réponse en demi-teinte.

En 1996, comme en 1995, dans un environnement politico-économique très incertain, la France a réussi le tour de force de maîtriser sa monnaie et réduire le niveau de ses taux d'intérêt à long terme, mais aussi à court terme. La moyenne des taux d'Emprunts d'Etat à 10 ans est ainsi passée, à l'issue de plusieurs baisses successives, de 6,63 % en début d'année à 5,80 % en fin d'année.

En ce qui concerne les taux courts, même s'ils n'ont pas suivi une détente rigoureusement linéaire, leur niveau est tout de même passé de 4,62 %, en janvier 1995, à 3,30 % en fin d'année 1996. Résultat : les obligations à taux fixe ont constitué le placement-vedette de l'année 1995 en affichant les meilleures performances ! Cette baisse aussi conséquente du niveau des taux d'intérêt à long terme a donc entraîné une valorisation des portefeuilles obligataires. Une valorisation d'autant plus importante que la sensibilité liée au portefeuille obligataire était élevée. Cet indice permet, en effet, de mesurer la variation de la valeur d'une obligation lorsque les taux d'intérêt varient et s'apparentent donc à l'élasticité d'une valeur mobilière soumise aux variations de taux ! Plus concrètement, lorsqu'un portefeuille obligataire en gestion individuelle ou collective, est soumis à une sensibilité de -3, par exemple, celui-ci s'appréciera alors de 3 % si les taux d'intérêt à long terme baissent d'un point... ou bien se dépréciera de 3 % si les taux progressent de la même amplitude !

En conséquence lorsque les taux à long terme diminuent de 1,5 % dans l'année (comme en 1995 !), la valorisation d'un tel portefeuille obligataire progresse de 4,5 % : une plus-value se rajoutant au taux de rendement annuel du portefeuille ! Inversement, en cas de hausse des taux d'intérêt à long terme, le même obligataire subirait une dépréciation de 4,5 %. Mais, aujourd'hui le niveau des taux d'intérêt à long terme se situe aux environs de 5,80 %. Peut-on imaginer dans les prochains mois, une nouvelle baisse des taux français à long terme ?

Dans l'environnement actuel, il semble difficile pour la Banque de France d'aller plus loin dans sa politique de restriction et la marge de manœuvre en terme de potentiel de baisse reste assez limitée. Il demeure toujours plus aisé d'engager un processus de baisse avec des taux longs à 9 % et des taux courts à 7 % que dans la situation actuelle. Tout retournement de situation peut même entraîner une hausse inattendue sans points de repère...

> Comment réduire les effets du risque de taux...

En investissant dans un portefeuille d'obligations à taux fixe, l'investisseur doit tenir compte du risque lié à l'évolution des taux du marché. Et pour pallier ce risque, il existe une catégorie d'obligations conçues précisément pour réduire les conséquences d'une évolution défavorable des taux, protégeant ainsi l'investisseur. Ce sont les obligations à taux variable. Leur spécificité repose sur un taux d'intérêt directement lié à une référence connue mais dont on ignore, au moment de la souscription, le niveau de rémunération à venir !

L'émetteur fait le pari d'une faible rémunération liée à cette référence tandis que le souscripteur pense l'inverse ! Il existe, bien entendu, une multitude de références utilisées par les émetteurs mais on peut les classer dans deux catégories : obligataires et monétaires. La liste suivante n'est donc pas exhaustive tant l'ingéniosité des émetteurs est fertile...

> Les références obligataires

TMO : la rémunération repose sur la moyenne mensuelle des taux du marché des obligations à l'émission. C'est la référence la plus répandue des taux variables.

TRA : l'intérêt est fixe la premièreannée, puis variable en fonction du TMO tous les ans jusqu'à l'échéance.

TRO : l'intérêt est fixe la première année, puis

variable tous les trois ans en fonction du TMO jusqu'à l'échéance.

TME : la rémunération repose sur la moyenne arithmétique des taux des emprunts d'Etat du marché secondaire à sept ans.

> Les références monétaires

T4M ou TMM : la rémunération repose sur la moyenne mensuelle du taux du marché monétaire au jour le jour.

TAM : la rémunération repose sur la moyenne des taux capitalisés mensuellement sur le marché monétaire au jour le jour.

TMB : la rémunération repose sur le taux de rendement moyen des Bons du Trésor à treize semaines.

D'autres références complètent cet échantillon officiel, comme le P3R (ou P6R, P9R) dont le coupon est égal au PIBOR 3 mois déterminé deux jours avant chaque période d'intérêt. Il existe d'ailleurs un certain exotisme dans ce domaine, comme l'indexation sur la progression de l'indice Cac 40, c'est-à-dire un rendement obligataire lié à celui du marché des actions ....

> Une ingéniosité sans limite

Mais quelle que soit la référence utilisée, la rémunération proposée par l'émetteur peut porter soit sur une période prédéterminée (ex ante), c'est-à-dire au début d'une période donnée, soit postdéterminée (ex post), c'est-à-dire à l'issue de cette même période. Dans un cas (ex ante), le coupon est calculé au début de la période de référence mais sera payé uniquement à la fin de cette période. Il est donc connu à l'avance, on peut considérer d'ailleurs ce type d'obligation comme des obligations à taux révisable plutôt que des obligations à taux variable. Dans l'autre cas (ex post), le coupon est calculé à l'issue de la période, c'est-à-dire au moment de son paiement. En ce qui concerne la période définie, il peut s'agir d'une période d'un an, six mois, trois mois, voire un mois.

En outre, au-delà de la référence elle-même, la rémunération des obligations à taux variable s'exprime en marge, en fait une valeur rajoutée ou diminuée au taux de référence choisie par l'émetteur. Il peut s'agir d'une marge :

- additive : taux de référence + ou - un «spread» (écart). Exemple : T4M + 0,3
- multiplicative : pourcentage du taux de référence. Exemple : 90 % du TME
- mixte : associant additive et multiplicative.

Exemple : 95 % TME - 0,3. Des obligations soumises aux anticipations des opérateurs... Le cours d'une obligation à taux variable se décompose entre sa valeur intrinsèque (le cours de l'obligation) et son coupon, dont la particularité repose sur son montant qui varie suivant le référentiel (TMO, TRA,...). On pourrait donc penser, contrairement à une obligation à taux fixe dont le coupon reste identique durant toute la durée de vie du titre, que l'obligation à taux variable n'est pas soumise aux aléas des taux d'intérêt, et ne subit donc jamais de variation. Si c'était le cas, cela reviendrait à dire que l'on pourrait acquérir sur le marché secondaire des obligations au pair, c'est-à-dire au prix d'émission, et percevoir ainsi un coupon couru calculé sur la base d'une référence obligataire, par exemple. En deux mots : bénéficier d'un intérêt à long terme pour un placement à court terme ! En fait, d'autres éléments sont à prendre en considération et notamment le fait que les obligations à taux variable réagissent aux anticipations des opérateurs.

> L'anticipation, clé du système

En effet, dans le cas d'une anticipation de hausse des taux d'intérêt à long terme, l'investisseur qui souscrit aujourd'hui des obligations à taux fixe prend le risque d'une baisse de la valeur de son portefeuille. Par contre, en investissant dans des obligations à taux variable dont le coupon est postdéterminé, il bénéficiera de la hausse. Dans le cas contraire, il percevra une rémunération égale à celle du marché.

Or, ce raisonnement, de nombreux opérateurs le tiennent et réagissent tous simultanément sur un marché, au demeurant réduit (émissions nouvelles limitées et faible capitalisation en Bourse). C'est pourquoi, dans le cas d'une anticipation de taux d'intérêt élevé, les cours des obligations à taux variable subissent une hausse et inversement en cas d'anticipation de baisse. Ce qui signifie que les obligations à taux variable réagissent essentiellement à des anticipations de taux de marché qui, même si elles ne se traduisent pas dans les faits, entraîneront des conséquences sur l'évolution des cours de ces obligations !

Comment déterminer le cours exact d'une obligation à taux variable ? Les actuaires procèdent à un calcul associant les coupons déjà perçus et le rendement à venir sur la base de la dernière référence connue (on dit qu'ils «cristallisent» les flux d'intérêt à percevoir). Ils déterminent ainsi le taux actuariel théorique de l'obligation à taux variable, c'est-à-dire «le taux que l'on pense être jusqu'à la prochaine révision».

Or, en effectuant ce calcul, le taux actuariel théorique de l'obligation à taux variable peut se trouver en décalage par rapport au taux de référence. C'est pourquoi, en intégrant dans les calculs le cours coté de l'obligation à taux variable, on peut affiner l'approche et déterminer ainsi le taux de rendement de l'obligation que l'on pourra comparer ensuite à la dernière référence connue de l'index.

Cette différence entre le taux de rendement et la dernière référence connue s'appelle la marge actuarielle. Si cette marge est nulle, on peut considérer qu'aucune anticipation de marché n'a perturbé l'obligation (cas relativement rare). Dans le cas où cette marge est positive, c'est-à-dire lorsque le taux de rendement de l'obligation à taux variable est supérieur au taux de référence, on peut considérer que le cours de l'obligation s'est alors déprécié par rapport à son cours théorique (et non pas au pair !), traduisant ainsi une anticipation à la baissc des taux. Si la marge est négative (le taux de rendement de l'obligation est alors inférieur au taux de référence), l'obligation est alors «surcoté» par rapport à son cours théorique et traduit alors une anticipation de hausse des taux, le titre étant recherché. Cette marge constitue donc un indicateur de tendance, plus précisément d'anticipation de la part des opérateurs tant sur les titres à référence obligataire que monétaire.

> Une reprise déjà anticipée

Dans l'environnement actuel de détente des taux, monétaires et obligataires, le marché a déjà largement anticipé une éventuelle reprise et les opérateurs se sont portés massivement sur cette catégorie d'obligations. D'ailleurs, les marges actuarielles des obligations indexées sur des références obligataires sont, pour la grande majorité, négatives et traduisent l'engouement des investisseurs pour ces titres. Il reste certaines obligations à référence monétaire dont la marge, très légèrement positive, présente un certain attrait, mais un modeste attrait ! Contrairement à des idées reçues, les obligations à taux variable sont bien des valeurs mobilières sophistiquées. Hormis de les conserver durant toute leur durée de vie, elles nécessitent une certaine réactivité de l'opérateur dans le cas d'investissement en gestion directe. Dans ce contexte, on préférera les supports collectifs.

12 Actions, le risque zéro existe-t-il vraiment ?

La composition d'un portefeuille d'actions comporte toujours une notion de risque. Risque de marché, risque intrinsèque : deux éléments fondamentaux liés à la gestion de valeurs mobilières.

Comment les distinguer, comment les appréhender ?

Le risque «zéro» existe-t-il ? Composer soi-même un portefeuille d'actions repose souvent sur l'envie de faire, soi-même, beaucoup mieux que la performance affichée par la sicav ordinaire de son banquier... C'est un fait, aujourd'hui, le marché financier français offre un certain confort aux opérateurs individuels qui peuvent intervenir directement, en totale liberté et indépendance. En outre, il existe suffisamment d'intermédiaires financiers (sociétés de Bourse, banques...) capables d'offrir un service de qualité tant dans l'exécution des ordres (téléphone, fax, minitel,...) que la gestion des valeurs mobilières, et ceci pour un coût raisonnable. Pour autant, il ne faut pas oublier le marché sur lequel on intervient, celui des actions. Un marché souvent risqué mais un marché qui offre, à long terme, un rendement toujours supérieur à l'ensemble des placements financiers. Or, ce risque revêt en réalité deux notions essentielles et fondamentales liées à la fois au marché et à l'entreprise. Les professionnels l'ont baptisé risque de marché.

> L'inévitable corrélation

Chaque fois que l'on achète une action, on prend un risque : celui du marché sur lequel l'action est cotée. Ce risque de marché représente la probabilité que le cours d'une action prise au hasard dans la Cote Officielle, a de monter ou de baisser. En effet, lorsque le marché sur lequel est cotée cette action évolue à la hausse ou la baisse, il existe une sorte de corrélation entre cette valeur et le marché sur lequel elle est cotée. Il n'est donc pas rare qu'un titre suive un cycle haussier sans raison apparente sinon qu'il soit porté par son marché lui-même... Ce phénomène est d'autant plus vérifié, par exemple, lorsque l'indice Cac 40 progresse, entraînant dans son sillage des valeurs de la Cote longtemps oubliées par les investisseurs. Ce phénomène traduit bien le caractère «suiveur» de certains opérateurs de marché qui confirment bien là leurs comportements souvent subjectifs ou irrationnels.

Par ailleurs, on peut tout de même s'interroger sur la nature d'une hausse ou d'une baisse sur les marchés : n'est-ce pas avant tout la conséquence de la hausse ou la baisse de plusieurs valeurs qui le composent ? Au-delà de ces considérations métaphysiques sur la notion de hausse ou baisse de marché et ses conséquences sur les valeurs qui le composent, on peut tout de même constater que ce phénomène ne constitue pas une règle parfaite. Dans certains cas, il arrive en effet que le cours de quelques actions baissent lorsque le marché progresse et inversement. On constate régulièrement ce phénomène à l'occasion de crises financières plongeant les marchés financiers dans une spirale baissière tandis que quelques titres, pour diverses raisons (valeurs refuges comme les mines d'or, par exemple) , trouvent tout de même le chemin de la hausse... Comment l'investisseur peut-il intégrer ce risque dans la composition de son portefeuille d'actions ? Son seul moyen est de diversifier ses choix d'investissements sur différents marchés financiers, il répartira alors son risque de marché, plus particulièrement celui attaché au marché français. Mais peut-il, lui-même, intervenir directement sur d'autres places financières internationales comme Londres, New York ou Hong-Kong ?

> Une diversification sectorielle fondamentale

Par ailleurs, il existe un autre risque lié à l'action, un risque non négligeable : le risque intrinsèque. Ce risque est celui directement attaché à l'entreprise elle-même. En investissant dans une action cotée en Bourse, l'intervenant choisit une entreprise soumise elle-même à un environnement économique de marché. Cette entreprise évolue dans un secteur d'activité économique (construction mécanique, assurance, communication,...), dans un marché (en déclin, en expansion), dans un environnement social (national et interne) et affichant des résultats plus ou moins bons. Conséquence : en choisissant des actions appartenant au même secteur économique ou bien à un même groupe, l'investisseur accroît ses risques. C'est pourquoi, la diversification d'un portefeuille d'actions doit intégrer ses notions afin de réduire tout risque lié au secteur d'activité auquel appartient le titre. Il est donc pertinent de diversifier, suivant ses propres convictions et la dimension de son portefeuille, son choix d'actions sur des secteurs économiques porteurs d'avenir. C'est à ce moment-là qu'interviendront des notions totalement irrationnelles puisque étroitement liées à des convictions personnelles...

Existe-t-il un risque zéro ? Comment donc réduire à la fois ce risque de marché et ce risque intrinsèque ? Existe-t-il une approche de gestion permettant à la fois d'accroître la performance de son portefeuille d'actions tout en limitant le risque inhérent ? Voilà des questions que peuvent se poser les investisseurs. La réponse, souvent démontrée à partir d'éléments statistiques, coule pourtant de bon sens.

En augmentant le nombre de lignes d'actions françaises d'un portefeuille boursier, on diminue le risque tout autant malgré tout que l'on respecte une diversification sectorielle. Toutefois et ceci constitue un élément de gestion important, à partir d'un certain nombre de lignes (20 à 25 valeurs), la limite du risque intrinsèque est quasiment atteinte.

> La contagion financière

En rajoutant d'autres valeurs à son portefeuille, le risque ne sera pas pour autant plus maîtrisé alors que le rendement sera peut-être plus contenu. Ce premier élément de gestion permet donc de comprendre tout l'intérêt d'une grande diversité d'un portefeuille d'actions. Pour autant, le risque lié au marché - le marché français en l'occurrence - n'est pas maîtrisé. Seule une diversification internationale peut réduire ce risque à condition toutefois que les marchés choisis ne soient pas eux-mêmes liés au marché français... ou inversement ! En effet, certaines places financières internationales réagissent souvent dans le même sens. C'est le cas entre le marché américain ou allemand, par exemple, et le marché français. Dès lors que le Dow Jones s'effondre, c'est immédiatement une contagion sur les places financières allemandes et françaises...

Les professionnels le savent et utilisent des modèles mathématiques de corrélation entre les grandes places financières leur permettant d'assurer cette diversification, ceci afin de réduire ce risque de marché. Une réduction qui peut atteindre 10 à15 % du risque total. On constate donc ici une certaine difficulté d'opérer pour l'investisseur individuel, à la fois pour choisir son marché de diversification et surtout pour y intervenir directement.

En conséquence, il ne parviendra éventuellement qu'à réduire le risque intrinsèque lié à son portefeuille. Il pourra alors le limiter globalement entre 30 et 40 % du risque total, c'est-à-dire celui hypothétique d'acheter une seule action sur le marché qui représente un risque 100 %.

En tout état de cause, il faut bien comprendre que plus le risque sera limité et donc maîtrisé, moins la performance sera excellente.

> Les placements collectifs

Comme on peut le constater, seuls des gérants de portefeuilles peuvent à la fois maîtriser le risque intrinsèque et le risque de marché. De plus, la sophistication des marchés dérivés (Monep, Matif) leur offre la possibilité d'appréhender toutes sortes de risques : risque de taux, risque de change... D'où l'intérêt des organismes de placements collectifs - sicav ou Fcp - qui permettent aux investisseurs privés de bénéficier de tout leur professionnalisme. Pour autant, on peut être quelquefois surpris des faibles performances de telle sicav ou tel Fcp. Preuve en est qu'il ne suffit pas d'avoir les outils, faut-il encore avoir les meilleurs prévisionnistes.

La tentation est souvent forte, pour l'investisseur privé, d'agir seul sans intégrer la notion de risque. Auquel cas, le risque étant élevé la performance pourra en être d'autant meilleure ou bien au contraire... sans appel !

13 Quel est l'intérêt des produits à taux garantis ?

Les vitrines des établissements financiers et des assureurs fleurissent actuellement d'offres alléchantes proposant performance et garantie.

Dans un environnement fiscal et économique incertain, méritent-elles vraiment un intérêt particulier ?

Voici donc revenu le temps des produits garantis ! Il aura fallu un bouleversement de la fiscalité des valeurs mobilières - et plus particulièrement la suppression de l'abattement des 8 000/16 000 francs sur les revenus d'obligations, de comptes à terme, et les plus-values d'Opcvm monétaires ainsi que l'abaissement du seuil de cession au-delà duquel les plus-values boursières sont taxées - associée à une détente des taux d'intérêt, pour voir fleurir à nouveau ces fameux placements offrant un rendement associé à une garantie totale à leurs souscripteurs. Il existe donc une saisonnalité commerciale liée à l'apparition de ces produits ! Chaque période d'incertitude soumise aux marchés financiers, à l'évolution des taux d'intérêt à court terme ou à long terme, ou bien à une refonte de la fiscalité, comme aujourd'hui, entraîne une mobilisation des services marketing des établissements financiers pour concevoir «le» produit qui assurera rendement et garantie. Reflet d'une société fragilisée, à la recherche permanente de protection et de préservation de ses acquis, les établissements financiers réagissent de la même manière pour offrir à leur clientèle un produit performant associé à une notion forte de sécurité.

L'objectif consiste donc à séduire l'investisseur par une offre liée à un marché prometteur comme la Bourse de Paris, New York, ou Tokyo, par exemple, et son indice correspondant (Cac 40, Dow Jones, Nikkei,...) tout en lui assurant un rendement minimum garanti sur une durée préalablement définie, en général entre trois et cinq ans suivant les produits. En outre, pour les investisseurs les plus audacieux certains établissements financiers proposent même des fonds multidevises, c'est-à-dire des fonds intégrant un panier de devises internationales...

> Des produits très sophistiqués

Ce n'est pas la première fois que ces produits réapparaissent sur le marché, mais l'originalité repose cette fois-ci sur une large communication qui en est faite au grand public. Curieusement, ces produits correspondaient davantage aux attentes d'une clientèle haut de gamme, attentive à une gestion patrimoniale diversifiée et plus sensible aux marchés financiers.

En fait, en élargissant l'accès de ces produits garantis, les établissements financiers veulent répondre aux attentes d'un nombre plus important d'épargnants déçus par la baisse des taux et la refonte de la fiscalité mais toujours désireux d'améliorer le rendement de leurs actifs financiers.

Il n'est donc pas surprenant que des grands réseaux comme La Poste, le Crédit Lyonnais, la Société Générale ou le Crédit du Nord mettent simultanément sur le marché ce genre d'offres. Notons que devant cette multitude de produits aux apparences identiques sur le principe, la Commission des Opérations de Bourse (Cob) a élaboré certaines règles concernant l'information au public. Des règles que ces Opcvm se doivent de respecter dans le cadre des documents remis à leurs souscripteurs.

> Les trois catégories

En fait, la Cob distingue trois catégories d'Opcvm garantis. Tout d'abord, les produits bénéficiant d'une garantie de capital, c'est-à-dire assurant aux souscripteurs un retour sur leur investissement initial à l'issue de la période de placement, et ceci quel que soit le choix du support retenu par le gestionnaire. Suroblys de La Poste offre, par exemple, une garantie du capital investi à 100 % sur une durée de 3 ans, les gestionnaires se donnant pour objectif de «battre la performance des sicav obligataires moyen terme».

On distinguera ensuite les produits à performance garantie. Dans ce cas, les gestionnaires communiqueront le taux actuariel brut du placement en précisant les conditions attachées à la garantie du rendement : permanente, à l'échéance, à date fixe... Rebond Octobre 1999 de la Société Générale propose ainsi une garantie du capital investi associé, à l'échéance, de 70 % de hausse de l'indice Cac 40 calculée en base trimestrielle. Enfin, la dernière catégorie de ces fonds garantis rassemble les Opcvm «à cliquet», c'est-à-dire des fonds dont la performance est acquise à date donnée (mois, trimestre, an) dès lors que l'indice de référence retenu est atteint à ce moment-là. Etoile PEA mars 1999 du Crédit du Nord propose, en échange du blocage du capital pendant trois ans, une garantie du capital assortie d'une performance annuelle comprise entre 3,5 % et 35 % des hausses annuelles de l'indice Cac 40.

> Fonds garantis ou l'investisseur-inventeur

Le principe général de ces fonds garantis repose sur la ventilation du capital placé entre un support à court terme (compte à terme, certificat de dépôt, bon à moyen terme) bénéficiant d'une rémunération donnée (celle du marché !), et des «options», ou des «warrants». En fait, les gestionnaires utiliseront aujourd'hui l'épargne acquise à l'échéance par le placement en l'investissant sur des supports à fort effet de levier comme les options sur indice, sur devises, sur actions, ou tout autre support de référence. A l'échéance, il récupérera son capital initial et la plus-value éventuellement acquise avec les supports optionnels. Imaginons donc un investisseur disposant de 300 000 F et soucieux de placer cette somme sur un support garanti associé à une performance, celle de l'indice Cac 40.

Pour réaliser lui-même son montage il souscrit, le 1er juin, un compte à terme d'une durée d'un an au taux de 4 % (hypothèse d'école). Il investit ainsi 290 700 F lui permettant d'obtenir 11 628 F de revenus, soit après prélèvement de 19,9 % un revenu net de 9 198 F. A l'échéance, il récupérera ainsi 290 700 + 9 198 = 299 898 F, soit son capital investi.

Toutefois, notre investisseur dispose encore de 9 300 francs de liquidités lui permettant d'acheter des options d'achat long terme (PXL) sur indice Cac 40 (2055 le 1er juin) échéance mai de l'année et prix d'exercice 2 200, au prix de 89 F. Soit un investissement de 100 X 89 F = 8 900 F (hors frais). En spéculant ainsi (du latin speculari, observer !), l'investisseur fait le pari que dans deux ans, la Bourse française et son indice fétiche connaîtront un mouvement haussier. Imaginons donc, à présent, les scénarios probables.

En premier lieu, l'indice Cac 40 peut tout à fait d'ici quelques mois gagner 20 % et afficher 2 450 points. Auquel cas, l'option d'achat atteindra un cours de 450 francs environ (suivant la valeur temps restant à courir jusqu'à l'échéance). A ce moment-là, notre investisseur peut vendre ses options et dégager ainsi une plus-value (hors-frais) de 450 F - 89 F = 361 francs. Soit 36 100 francs pour l'opération et après taxation au taux en vigueur de 20,9 %, un gain de 28 555 francs. Résultat : en investissant initialement 300 000 francs, notre opérateur récupérera 328 555 francs, soit un rendement global de 9,50 % (éventuellement amélioré suivant la date du dénouement de la vente des options, les liquidités pouvant être placées sur un placement court terme).

Deuxième hypothèse, le marché demeure stable et le Cac 40 oscille autour de 2 050 points. L'option perdant de sa valeur temporelle voit son cours baisser pour atteindre 50 francs. L'investisseur récupère alors, à l'approche de l'échéance, 50 F x 100 = 5 000 francs. Résultat : le rendement atteint seulement 1,6 %. Enfin, dernier cas : le marché s'effondre. L'indice Cac 40 passe sous la barre des 2 050 points et l'option n'a plus de valeur ! Le résultat est sans appel : notre investisseur récupère son capital placé, soit 300 000 francs. Voilà donc illustrée une façon de créer son propre produit garanti en capital dont la performance est directement liée à l'évolution de l'indice Cac 40. Mais la diversité des supports optionnels permet aujourd'hui une multitude de combinaisons possibles comme la référence à une action française précise (Accor, Danone, Paribas,...), un taux d'intérêt (Notionnel, Pibor). Et si, de surcroît, on utilise les «warrants» qui est une valeur mobilière fonctionnant sur le même principe que l'option, on peut alors étendre cette diversité à d'autres supports de référence comme des valeurs étrangères (Philip Morris, Repsol, Eastman Kodak,...), des indices boursiers étrangers (Nikkei 225 et 300, MIB30,...), des secteurs économiques (Energie, Produits de base, Construction BTP,...), des obligations françaises ou étrangères (OAT, T Bonds,...) ou encore des devises (Yen, dollar US, DM,...) ou plus récemment un panier de valeurs françaises opéables…

> Quelques conseils...

Comme on peut le constater dans l'exemple, la faible rémunération du placement à un an liée à la baisse des taux d'intérêt ne permet pas d'envisager un investissement conséquent sur les produits optionnels. C'est pourquoi, il est difficile aujourd'hui d'amplifier à court terme le taux de rendement d'un tel type de placement. Bien entendu, en imaginant un montage sur une durée de deux ou trois ans, la part investie sur les options, ou les warrants, s'avérera alors plus importante permettant alors une meilleure adéquation entre la garantie en capital et l'indexation. Par ailleurs, en réduisant la garantie en capital du montage, on peut aussi accroître la part consacrée à l'indexation. Dans tous les cas, qu'il s'agisse de produits distribués par des réseaux financiers ou conçus par l'investisseur lui-même, ces packages doivent répondre à des attentes particulières.

La Bourse sans risque ? Mais n'est-ce pas là un fondement contradictoire ? Les outils du marché permettent aujourd'hui d'imaginer un ensemble de combinaisons alliant garantie et spéculation à court terme. Mais les outils suffisent-ils à répondre aux attentes des investisseurs ? Chacun en jugera...

14 Les fonds en devises permettent-ils d'optimiser ses liquidités ?

Les nouvelles dispositions fiscales qui frappent les Opcvm monétaires - suppression depuis 1996 du seuil de cession de 50 000 F et abaissement du seuil général - sont de nature à réorienter l'épargne des investisseurs privés vers d'autres supports. D'autant que la baisse conjuguée des taux d'intérêt français à court terme ne donne pas à ces placements un attrait particulier. Dans cet environnement, les placements collectifs en devises peuvent tenter les investisseurs privés. Il s'agit toutefois d'un domaine dans lequel il convient de se montrer prudent.

L'engouement du public pour les sicav et fonds communs de placement monétaires demeure depuis plusieurs mois très modéré. Après avoir diminué d'environ 175 milliards de francs en 1994, les encours de ces Opcvm se sont encore réduits de 80 milliards au cours du premier semestre 1995. Et même si le troisième trimestre a été marqué, pour la première fois depuis deux ans, par une reprise des souscriptions (près de 25 milliards de francs), le stock a fortement chuté. Aussi, les établissements promoteurs de ces produits sont-ils contraints à présent d'user de toute leur ingéniosité pour ne pas décevoir les clients à qui ils ont recommandé ces placements dans un contexte autrefois propice. Le problème se pose de façon d'autant plus aiguë qu'aujourd'hui encore certains investisseurs privés détiennent des encours d'Opcvm monétaires particulièrement importants et qu'ils n'ont toujours pas réalisé leurs plus-values latentes.

Au-delà de la nouvelle pression fiscale, c'est surtout la détente sur les taux d'intérêt à court terme qui a considérablement encouragé les ventes d'Opcvm monétaires. Surtout qu'il existe aujourd'hui sur le marché un ensemble de produits financiers tout aussi performants : comptes à terme, certificats de dépôt... et Livret A ! On peut donc s'interroger sur l'opportunité de ces placements qui offrent un faible revenu associé à un taux de prélèvement forfaitaire de 20,9 % - pour l'instant ! Dans ces conditions, que faire ? S'orienter vers les Opcvm en devises ? Pourquoi pas, une petite part du marché semble vouloir s'y orienter. Mais il convient tout de même d'agir avec prudence.

> Opcvm en devises : attention, le risque est double

Les Opcvm monétaires libellés en devises proposent à leurs souscripteurs un rendement adossé aux taux d'intérêt court terme d'une place étrangère. Le portefeuille de ces Opcvm est constitué essentiellement d'instruments financiers utilisés sur le marché monétaire du pays concerné (bons du Trésor, certificats de dépôt, billets de Trésorerie,...) et sont libellés en devises : dollar US, DM, lire italienne suivant les supports. Le rendement de ces produits est donc directement lié au marché monétaire américain, allemand ou bien italien mais aussi à l'évolution du cours de la devise. Aussi, au-delà du rendement offert, l'investisseur s'expose à un risque de change non négligeable. D'un côté l'investisseur bénéficie du rendement du marché monétaire du pays concerné qui, suivant les places, s'avérera plus ou moins performant ; d'un autre côté, il peut subir une éventuelle dépréciation de la devise. Le risque est donc double. Si les taux d'intérêt italiens à court terme, voisins de 9 %, peuvent séduire l'investisseur français, la lire n'en demeure pas moins une devise régulièrement dévaluée.

Il suffirait d'une dépréciation de 4 % de la monnaie italienne pour réduire à néant la plus-value de l'investissement par rapport à un produit monétaire français. A contrario, le rendement faible du Call Money (la référence allemande en terme de taux courts) n'offre qu'une rémunération de l'ordre de 4 à 4,5 % mais peut tout autant séduire : le deutschemark est une devise qui s'apprécie au niveau international, jouant régulièrement le rôle de valeur refuge lors de graves crises monétaires. Si un gain de change de 3 % est obtenu dans l'année contre franc, on gagne plus de deux points, en l'état, par rapport à un produit monétaire français.

> Des instruments de spéculation avant tout

L'originalité de ces supports investis en devises étrangères repose sur leur caractère spéculatif à l'égard de la monnaie. Car en se portant sur une devise étrangère, l'investisseur anticipe la hausse de celle-ci et donc de son placement. Dans ce cas, l'investisseur n'attend pas un rendement de taux, mais il fait le pari d'une situation favorable à la parité contre franc.

De fait, l'opération consiste à convertir un capital de francs français en devises étrangères, - il s'agit d'une simple opération de change - pour laquelle les sommes investies sont allouées à des produits étrangers de trésorerie à court terme. En revanche, ce type de placement peut répondre à l'attente d'un investisseur disposant de liquidités en devises étrangères désirant les affecter dans un produit de même référence monétaire. Il peut s'agir, par exemple, de non-résidents séjournant en France qui souhaitent protéger leurs avoirs en monnaie locale face à un éventuel risque de change lié à un placement qu'ils pourraient faire en francs français. Il est vrai aussi que certains de ces supports distribués en France ont été conçus pour les entreprises disposant de capitaux importants en devises étrangères et désireuses de les placer à court terme sans courir un risque quelconque de change. Ces Opcvm monétaires libellés en devises offrent bien, par conséquent, des opportunités à la fois spéculatives pour les investisseurs les plus audacieux, mais répondent aussi à de véritables attentes dans certains cas.

En dehors de ces cas particuliers, il convient d'être prudent. Et il ne faut surtout pas se fier aux performances affichées dans la presse ! Elles identifient seulement un rendement qui ne tient pas compte de la parité de change. Le capital converti initialement en devises peut s'être fortement déprécié et c'est lors de la cession et de l'opération de change finale, que l'investisseur mesurera vraiment les performances de son placement. A lui de surveiller à la fois l'évolution de la valeur liquidative mais aussi la tendance de la devise sur le marché des changes...

ASSURANCE VIE

15 Quels critères retenir avant de souscrire une assurance vie ?

Il devient aujourd'hui de plus en plus difficile de sélectionner parmi la multitude de contrats d'assurance vie proposés par les sociétés ceux qui, à terme, seront toujours de bons contrats. Il y va pourtant de l'intérêt bien compris des conseillers et de leurs clients. Quels sont les critères à prendre en compte pour choisir, en dehors des traditionnels niveaux de frais et de rendement, un contrat à la fois sûr, stable et rentable à long terme, en francs ou en unités de compte ? Réponses.

> Contrats en francs ou unités de compte ?

Chacun a pu en faire le constat : la performance des contrats en francs n'est plus ce qu'elle était. Alors que les rendements dépassaient encore les 10 % par an à la fin des années 80, ils ne sont plus que de 7 à 7,5 % pour les meilleurs gestionnaires (à quelques exceptions près). Et aucun retournement de tendance n'est prévu à court ou moyen terme ; la plupart des professionnels estimant au contraire que les taux servis devraient encore s'éroder légèrement. Logique : les obligations que les assureurs achètent depuis plusieurs mois offrent des rendements inférieurs à 7 %. Si l'on soustrait les frais financiers internes de la compagnie et les frais de gestion, cela donne à peu près une performance nette de 6 %. Et le stock d'épargne gérée est tel qu'il faudra plusieurs années pour digérer ce "papier" faiblement rémunérateur, alors que les anciennes obligations (celles qui rapportaient encore du 10 ou 12 % et permettaient de doper les taux) se font de plus en plus rares. Bref, la baisse des contrats en francs est inscrite dans les chiffres d'aujourd'hui. Et personne ne sait jusqu'où elle pourrait aller, même si certains préparent déjà les esprits à des rémunérations de 5 % par an d'ici quelques années. L'inflation a beau être maîtrisée, les profits à espérer pourraient donc se réduire comme peau de chagrin.

> Résister aux modes

C'est pourquoi de nombreux assureurs et conseillers ont modifié leur approche de l'assurance vie, en mettant en avant le potentiel de valorisation des contrats en unités de compte. La vague des multisupports, qui déferle depuis deux ans avec une grande intensité, en atteste. Même l'Afer, qui a pourtant bâti tout son fonds de commerce sur la sécurité du contrat en francs, s'est jetée à l'eau en créant sa sicav Sfer à destination de ses adhérents tentés par la Bourse. Pourtant, ces contrats n'ont rien à voir avec les premiers : le client court ici le risque de voir son capital diminuer et aucune bouée de sauvetage n'est tendue par l'assureur en cas de retournement brutal des marchés. Bref, il s'agit d'un produit à risque qui ne doit pas, par effet de mode ou en raison d'une vision à trop court terme, être prescrit dans n'importe quel cas. C'est aussi un placement qui nécessite «un service après vente très pointu et à très haute valeur ajoutée pour accompagner l'évolution des marchés», juge Jacques Arrondeau, directeur général de Sogécap, la filiale de la Société Générale.

Plutôt que foncer tête baissée, il est donc préférable de s'interroger sur l'opportunité de conseiller, ou non, de tels contrats, en fonction de plusieurs critères.

> Les connaissances du conseiller...

Les multisupports étant en prise directe avec les marchés financiers, le conseiller qui les préconise doit avoir de bonnes connaissances dans ce domaine. Afin de pouvoir prévenir son client des risques qu'il va devoir assumer, de l'aider à trouver la meilleure répartition d'actifs puis, après la souscription, d'adapter en permanence le placement à l'environnement économique et aux besoins du souscripteur.

A défaut d'un tel bagage financier, mieux vaut s'abstenir d'orienter les clients vers ce type de produit. Car le conseiller risque de devoir, pendant des années, faire face à leurs reproches si la progression de l'épargne n'a pas été à la hauteur des espérances. «Un multisupport, il faut savoir le vendre et l'expliquer», résume Félix Cicéron, de Generali. Il faut également savoir le choisir : il doit comporter une palette assez large de fonds d'investissement, un fonds en francs (pour mettre les gains à l'abri et se reposer en sécurité) et offrir une très grande souplesse...

A noter que de nombreux établissements proposent aujourd'hui des multisupports à "pilotage automatique" qui peuvent résoudre une bonne part de ces problèmes : l'assureur propose une gestion clés en mains par profil d'investissement (sécurité, équilibre, dynamique). C'est lui qui se charge de répartir les actifs et de les gérer dans le temps, évitant ainsi au conseiller le suivi régulier des marchés. Encore faut-il savoir faire le tri entre les contrats et options proposées et être en mesure d'analyser le mode de gestion car c'est bien l'assuré, et lui seul, qui supporte le risque de baisse...

«Seul le temps est l'ami du risque», rappelle Félix Cicéron. La souscription d'unités de compte ne doit donc être effectuée qu'avec un horizon de placement assez long, d'au moins dix ans. «Le client, explique Guy Nagat, directeur commercial de Natio Vie (BNP), ne doit avoir aucun besoin de liquidités pendant cette durée. Dans le cas contraire, on prend le risque de le voir revendre ses sicav à un mauvais moment». Bref, si on pense que l'assuré pourrait être amené à récupérer son argent avant les dix ans fatidiques (à la suite d'un licenciement, d'une maladie, etc...), il faut l'orienter vers un contrat en francs qui est totalement vacciné contre ce genre de mésaventure. «Il ne faut pas oublier, prévient Jacques Gazeau, inspecteur commercial des Agf, que les opportunités de profit ont toujours pour corrolaire le risque encouru.»

Si aucun rachat n'est à craindre avant dix ans dans la mesure où l'assuré dispose d'un patrimoine conséquent qui lui permettra de faire face aux accidents de parcours, il pourra alors être judicieux de se tourner vers les unités de compte car le temps diminue le risque de perte et, sur une telle longueur, les marchés financiers en direct semblent pouvoir procurer des gains supérieurs à celui des contrats en francs, mais avec beaucoup moins de régularité.

> L'âge de l'assuré

«C'est un point très important, met en garde Jacques Gazeau, car à partir d'un certain moment, les personnes âgées ne sont plus toujours à même de gérer des unités de compte. Une personne de 60 ans, en pleine possession de ses moyens, pourra être tentée de souscrire un multisupport avec gestion directe, mais si son état de santé physique ou mental s'est dégradé dix ans plus tard, cette gestion risque d'être très délicate.» De plus, tous les professionnels s'accordent pour dire que plus les épargnants prennent de l'âge, moins ils sont enclins à prendre des risques. Par ailleurs, passée la soixantaine, le risque de décès est à prendre au sérieux. Si le souscripteur devait disparaître rapidement, alors que les marchés sont en phase de baisse, c'est le capital transmis aux héritiers qui serait amputé. Pour toutes ces raisons, il vaut mieux s'abstenir de préconiser des unités de compte risquées aux personnes âgées ; sauf si elles le désirent et que l'importance du patrimoine le permet.

> Le tempérament

On ne fait pas le bonheur des gens malgré eux. Si le client est du genre pantouflards, si le simple fait de savoir que son capital a baissé de 5 % l'empêche de dormir, il vaut mieux éviter les multisupports en unités de compte. «Les épargnants réfractaires au risque doivent être systématiquement orientés vers les contrats en francs», confirme Jacques Arrondeau. Mais cela n'interdit pas de les sensibiliser, si leur profil correspond à celui du souscripteur d'un multisupport, afin qu'ils puissent faire mûrir leur décision.

Conclusion : aujourd'hui, pas plus qu'hier, les contrats en unités de compte ne représentent une solution à tous les problèmes. Les contrats en Francs, malgré leur rendement en diminution, répondent toujours à de nombreux besoins et ils doivent conserver toute leur place dans la stratégie d'épargne. Mais l'adaptation devant être le maître mot, il semble toutefois préférable de choisir un contrat multisupport qui ouvre la porte à tous les types de gestion. Ainsi, l'assuré pourra faire évoluer son placement en allant des unités de compte au fonds en francs. Il pourra aussi panacher entre les différents fonds pour mettre toutes les chances de son côté. A condition que le conseiller soit là pour le guider efficacement.

16 Quelle compagnie d'assurance vie choisir ?

Vérifier quelques éléments-clés d'une compagnie d'assurance n'est pas un luxe. Encore faut-il savoir sur quels points portent les différences.

«Bonjour, j'ai quatre cent mille francs et je souhaiterais les placer dans un contrat d'assurance vie. Que me conseillez-vous ?» Question traditionnelle, dont la réponse ne saurait tenir en quelques mots. Il est clair que le meilleur contrat n'existe pas, mais en revanche, chacun, le conseiller en gestion de patrimoine comme le particulier, recherche un placement qui lui assure une bonne performance à terme. Or, la prolifération des contrats, à laquelle s'ajoute une concurrence exacerbée entre les différentes sociétés proposant de l'assurance vie, finissent par ne faire prendre en compte que les seuls niveaux des frais et de rendement. Erreur. A terme, de nombreux épargnants pourraient déchanter. Car dans cette guerre aux parts de marché, la gourmandise est un vilain défaut. Pour exemple, cette compagnie belge qui souhaitait développer son activité en France. A grands renforts de rendements surévalués, la Prévoyance sociale est parvenue à glaner quelques millions de francs. Mais aujourd'hui, suite à des détournements de fonds d'un petit noyau d'agents et de courtiers, les épargnants en sont pour leur compte : ils ne peuvent plus racheter leurs contrats, et ce qui devait leur rapporter risque de finalement beaucoup leur coûter. Aussi, mieux vaut prendre ses précautions. Et commencer par vérifier quelques éléments-clés d'une bonne gestion.

> Se méfier des offres exceptionnelles

«Certaines sociétés sont prisonnières d'une logique purement commerciale et annoncent des taux faramineux pour gagner des parts de marché», accuse un assureur qui, pour des raisons évidentes, préfère conserver l'anonymat. Rien n'est plus facile en effet que de truquer les chiffres, en dopant les taux de rendement de contrats récents. Car ceux-ci concernent des actifs limités. Un exemple : la société X gère 100 milliards de fonds, et l'encours de la société Y s'élève à 200 millions. Un écart d'un point (soit 1 %) dans les rendements annoncés représente 1 milliard de francs pour X, contre 2 millions pour Y. Le calcul est facile et la promesse tout à fait réalisable. Mais plus les fonds gérés augmentent, plus il est difficile de maintenir des taux attractifs, plus élevés que ce que le marché est en mesure de proposer. Auquel cas la compagnie devra combler les écarts en effectuant des prélèvements sur la rémunération de ses fonds propres et des plus-values latentes. Lesquelles peuvent fondre comme neige au soleil.

Cette politique de “dopage”, très en vogue actuellement, ne va pas sans soulever de nombreuses interrogations. Car, d'une part, ces sociétés conduisent les épargnants à se faire des illusions, et donc à être fatalement déçus par la suite. D'autre part, elles ne peuvent surévaluer les rendements annoncés qu'au détriment des anciens souscripteurs. Ou de ceux qui le deviendront. La valeur du rendement est donc à comparer à l'importance du fonds géré.

> S'inquiéter lorsque les frais sont trop faibles

Cette remarque peut étonner. Pourtant, rien n'est gratuit. Les sociétés ont des coûts de fonctionnement, et il faut bien, à un moment ou un autre, qu'elles dépensent. Frais administratifs, de distribution, salaires, campagnes publicitaires, taxes et impôts... Tout cela coûte de l'argent, et l'entreprise doit l'assumer. Aussi, lorsqu'une compagnie annonce des frais très faibles (inférieurs à 3 %), l'assuré doit s'interroger. Car le bon sens rapelle que l'on ne peut vendre à perte indéfiniment. La société devra donc, tôt ou tard, récupérer son argent en puisant sur ses bénéfices, ceux là-mêmes qu'elle redistribue aux assurés. Et les épargnants perdront en rentabilité ce qu'ils croyaient gagner en frais. Afficher des frais de gestion est donc sain.

> Surveiller l'assureur

Voici un élément qui n'est pas sans influence : le ratio de frais généraux de la compagnie. Calculé par rapport à son chiffre d'affaires ou à son encours, il permet de vérifier si le niveau de vie de l'assureur est bien en adéquation avec les frais qu'il prélève. Si tel n'est pas le cas, il y a fort à parier que la société aura besoin de piocher un jour ou l'autre dans les participations aux bénéfices de ses clients pour boucler son budget. Auquel cas, c'est la valorisation de l'épargne à moyen et long terme qui en subira les conséquences.

D'une manière générale, certains assureurs se contentent de moins de 3 % de frais généraux sur chiffre d'affaires, tandis que d'autres ont besoin de 10 %. Mais dans tous les cas, il faut s'inquiéter lorsque le ratio de frais généraux atteint 20 %. Dans cette hypothèse, la gestion de l'entreprise est douteuse, car les frais de chargements sur les contrats ne peuvent couvrir ses dépenses. La compagnie devra alors puiser sur ses fonds propres, ou lancer de nouveaux contrats pour attirer des capitaux. A l'inverse, des frais généraux couverts par les chargements sur les contrats préservent la qualité de traitement des épargnants, quelle que soit la date à laquelle ils ont souscrit leur contrat.

> La marge de solvabilité

Une compagnie en mesure de rembourser ses clients s'ils se précipitent pour racheter leurs contrats est une société dont la marge de solvabilité est élevée. Celle-ci est déterminée par le rapport entre ses fonds propres (augmentés des plus-values latentes et de diverses réserves) et l'encours d'épargne gérée. La marge de solvabilité ne doit pas être inférieure à 4 % pour les contrats en francs (1 % pour les contrats en unité de compte). Autrement dit, les fonds propres doivent représenter au moins 4 % des sommes confiées à l'assureur. Au 31/12/94, il n'y avait aucun problème, les compagnies affichant en moyenne un ratio de 5,5 %. Mais les écarts d'une compagnie à l'autre varient du strict minimum de 4 % à des marges de solvabilité pouvant atteindre 15 à 20 %.

> La transparence et la clarté de la gestion financière

La transparence financière peut s'avérer un critère de sélection efficace. Tout d'abord parce que si l'entreprise étale ses comptes et dévoile à l'attention de ses clients sa stratégie, c'est qu'elle est en position de force. Ensuite, parce que la transparence permet aux souscripteurs de savoir à qui ils confient leur argent, et comment il est utilisé. Une notion souvent oubliée, mais essentielle. «Trop d'épargnants manquent de prudence. Ils accordent une confiance démesurée à leur assureur... Donneraient-ils un chèque en blanc à un inconnu ?» ironise Gérard Athias, président de l'Afer.

> Le mirage de la société

Ne se fier qu'à la société, en prenant en considération sa taille, sa notoriété ou son passé pour choisir un contrat d'assurance vie n'est pas forcément gage de sérénité. Tout simplement parce que de très bonnes compagnies peuvent vendre de mauvais contrats. Mais aussi parce qu'en l'état actuel, il devient difficile de savoir distinguer le bon du mauvais. «Le secteur de l'assurance ressemble au secteur bancaire, et les plus nobles institutions ne sont pas dans des situations qui incitent à un optimisme délirant note un autre assureur. Et l'on peut très bien imaginer d'ici une dizaine d'années voir des compagnies se retrouver dans la même position que le Crédit Lyonnais ou le Crédit Foncier aujourd'hui.»

Le conseiller en gestion de patrimoine ou le particulier peut donc procéder à un audit de la structure du capital. Une analyse de la répartition par grandes classes d'actifs fournit à cet égard de précieuses indications, «à condition de ne pas sombrer dans la psychose» rappelle Jean-François Naud, directeur de la MAVPS. Parmi les éléments essentiels, le pourcentage d'obligations, la part d'OAT, d'actions, d'immobilier : à défaut d'avoir un jugement objectif sur les sociétés émettrices qui composent l'actif, cette observation permet de jauger la rentabilité d'un portefeuille et plus encore sa sécurité. Ce qui, dans l'optique d'un placement à long terme, est primordial.

> Conclusion

La concurrence a accentué l'offre de produits de qualité, mais il ne faut pas oublier que si une compagnie cherche à satisfaire son client, elle doit aussi assurer sa propre expansion. Elle doit donc trouver un juste équilibre entre l'enrichissement des assurés et son propre enrichissement. L'un ne peut aller sans l'autre. Les politiques de conquête d'épargne que se livrent banques, associations, mutuelles et compagnies traditionnelles d'assurance ne doivent pas les conduire à perdre tout bon sens au profit des seules parts de marché. En revanche, proposer une bonne documentation, des informations claires et accessibles, permettre de bénéficier de règlements rapides des avances ou des rachats sont autant d'atouts que les sociétés ne doivent pas négliger, qualité de service oblige.

Quant à l'épargnant, à lui de savoir se méfier d'une offre trop alléchante. La souscription d'un contrat d'assurance vie est une capitalisation à long terme. Le seul problème, c'est qu'elle s'accorde souvent mal à la logique commerciale.

> Les paramètres à retenir

- *Cerner avec le plus de précision possible les réels besoins du client en matière d'assurance vie*
- *Ne pas se contenter du taux de rendement du contrat pour le juger*
- *Se méfier - paradoxalement - des frais de gestion trop faibles*
- *Surveiller attentivement les frais généraux de la compagnie*
- *La marge de solvabilité doit être confortable, c'est-à-dire supérieure au minimum exigé*

  de 4 % pour les contrats en francs, et de 1 % pour les contrats en unités de compte
- *Choisir un contrat clair et transparent sur le plan de la gestion et des frais*
- *La seule notoriété de la compagnie n'est pas une garantie de compétence.*

17 Faut-il éviter les adhésions conjointes ?

Les adhésions conjointes ont mauvaise presse.

Et on ne trouve plus guère d'assureurs pour les défendre. Il faut dire que, contrairement aux apparences, elles n'apportent guère de solutions patrimoniales. Sauf à vouloir frauder le fisc. Avec de gros sabots !

Prenez un monsieur âgé de 75 ans, à la tête d'un patrimoine conséquent. Délaissé par sa famille, il trouve son réconfort quotidien auprès d'une charmante personne qui, malheureusement pour elle, a tout juste de quoi subsister. Pour la remercier de son dévouement et des innombrables services rendus, il souhaite souscrire un contrat d'assurance vie dont elle sera bénéficiaire. Ainsi, elle ne se retrouvera pas démunie quand il ne sera plus là pour l'épauler. Le problème, c'est le fisc : 200 000 francs de primes seulement pourront lui être versés sans droits de succession et le reste de la somme (qui, pour les besoins de la démonstration, est très importante...) sera assujetti aux droits, avec un taux de 60 % puisqu'aucun lien de parenté ne les unit.

Plutôt que de laisser cet être cher privé d'autant d'argent, notre septuagénaire décide de souscrire un contrat conjointement avec son amie, en nommant l'un de ses arrières-petits-enfants bénéficiaire en cas de décès. Bien sûr, il sera seul à payer les primes. Mais après son décès à lui, sa co-adhérente aura les coudées franches pour effectuer des rachats sur le contrat. Elle pourra ainsi récupérer la totalité du capital accumulé, sans aucun droit de succession. Et ne s'en privera pas, puisque tel est le but recherché. Banco !

Il y a encore quelques années, un scénario comme celui-ci n'avait rien d'un cas d'école : nombreux sont les assureurs qui avouent avoir monté de tels contrats, en fermant les yeux sur les libertés prises avec la règlementation. Mais, comme toujours, les bons tuyaux finissent par se percer et le fisc, qui a vite découvert la manœuvre, n'a pas manqué de procéder à des redressements, avec pénalités à la clé.

> Les tuyaux percés...

«Evidemment, commente Jean Patrick Smaja, responsable du département juridique de Generali France, pas besoin d'être grand clerc pour constater qu'il s'agit d'une donation que l'on a voulu déguiser, grossièrement. Une adhésion conjointe, cela signifie que les deux souscripteurs paient chacun les primes. Si ce n'est pas le cas, il est clair que l'assuré fortuné donne une partie de son patrimoine dès la souscription du contrat par le seul fait de le mettre à disposition du co-assuré. Il ne s'agit même pas de savoir qui va mourir le premier : dès la signature, la donation est caractérisée». Résultat, une opération de ce type ne bénéficie même pas de la fiscalité assurance vie ; celle ci n'étant valable qu'à la suite du décès.

Et si les deux co-assurés avaient versé une somme identique (des concubins, par exemple) ? Même sanction ! Après le premier décès, le deuxième assuré se retrouverait là encore à la tête d'un capital qui, pour la moitié de sa valeur, ne lui appartiendrait pas. Il s'agirait donc d'une donation indirecte et taxable. Sur ce point précis, quelques professionnels défendent toutefois un point de vue légèrement différent : ils estiment que si l'assuré survivant n'effectue ni rachat ni avance sur le contrat, on ne peut lui opposer la requalification. Mais, dans ce cas, le but recherché (la transmission) n'est pas atteint. C'est en effet le bénéficiaire désigné après le décès des deux têtes (dans notre exemple, l'arrière-petit- fils) qui recevrait la totalité du capital.

> Pas vu, pas pris...

Mais alors, à quoi peuvent bien servir les adhésions conjointes ? A pas grand chose, répondent la majorité des assureurs, qui affirment désormais les déconseiller systématiquement à leurs clients. Sauf, comme le confie l'un d'eux, si ce même client insiste pour disposer d'un tel montage, dans l'espoir de passer entre les mailles du filet fiscal. «Pas vu, pas pris, c'est un pari, explique le directeur d'une société spécialisée sur la clientèle haut de gamme. Si la prime est élevée, on ne la refuse pas. Mais on prend soin de mettre en garde notre assuré ou son conseiller sur les risques de requalification encourus». Les affaires sont les affaires...

«Il existe tout de même un cas de figure où les adhésions conjointes peuvent répondre à un véritable besoin, poursuit Jean Patrick Smaja. Quand deux ou plusieurs personnes reçoivent une somme d'argent en indivision, à la suite d'une succession. Plutôt que de laisser cet argent improductif, ils peuvent préférer l'investir sur un contrat d'assurance vie, à titre provisoire. En optant pour l'adhésion conjointe, ils ne brisent pas l'indivision. Quand elle sera levée, ils pourront chacun récupérer leur part.» Et ce spécialiste d'ajouter aussitôt qu'une telle situation ne se présente pas tous les jours...

Une fois balayé ces cas très particuliers, on arrive au problème des conjoints, qui sont les premiers concernés par les adhésions conjointes. Elles représentent pour eux, en effet, une manière transparente d'affirmer que l'épargne investie appartient bien aux deux époux, et pas à un seul d'entre eux.

> Conjoints : baliser le terrain

C'est alors l'analyse du contrat de mariage qui va baliser le terrain, pour savoir ce que l'on peut faire et comment. «Dans un régime de communauté intégrale, l'adhésion conjointe n'apporte absolument rien, analyse Jean Patrick Smaja. Dans la séparation de biens, en revanche, il faut exclure l'adhésion conjointe pour les mêmes raisons que précédemment.» On en arrive alors au seul régime légal de la communauté réduite aux acquêts. Pour un autre assureur, «elle contraint les deux souscripteurs à tout faire ensemble et il est impossible de revenir sur une décision sans l'accord des deux parties. C'est une sécurité qui peut parfois être utile». Mais au point de vue successoral, il n'y a là encore pas de miracle : au premier décès, le fisc pourra considérer que la moitié de la valeur de rachat du contrat appartenait à l'époux décédé et qu'elle revient aux héritiers naturels. Le contrat n'étant pas dénoué par le décès (le deuxième co-assuré est toujours en vie), l'exonération des droits de succession ne sera pas acquise (c'est l'une des conséquences du fameux arrêt Praslicka).

«Il vaudrait mieux, dans pareil cas, souscrire un contrat conjoint en prévoyant le versement du capital dès le décès du premier assuré, précise Jean Patrick Smaja. Au moins, les choses sont claires».

Mais le risque est alors de se retrouver avec le conjoint survivant propriétaire du capital en son entier et de le voir en réinvestir une partie au profit de ses enfants. Pour peu qu'il ait dépassé la barrière fatidique des 70 ans, les capitaux versés à la suite de son décès ne bénéficieront donc de l'exonération des droits de succession qu'à concurrence de 200 000 francs. Bref, le serpent se mord la queue et il semble évident qu'aucun artifice ne permet de contourner les règles fiscales et civiles. Pas même les adhésions conjointes.

Par contre, en soignant la clause bénéficiaire d'un contrat souscrit sur une seule tête, on arrive déjà à débroussailler de nombreuses situations spécifiques. On parvient à un résultat identique en modifiant les conventions matrimoniales. Alors, pourquoi prendre le risque de naviguer en pleine incertitude ?...

> Règle des 70 ans : le flou

Quid de la règle des 70 ans quand le contrat a été souscrit en adhésion conjointe par deux personnes dont l'une a passé ce cap ? C'est une question qui divise les assureurs. Certains, optimistes, estiment que la présence d'un assuré âgé de moins de 70 ans suffit à échapper à la règle des 200 000 francs. D'autres, au contraire, pensent que l'assuré septuagénaire fait tomber le contrat sous le couperet de cette règle. Et d'autres, enfin, coupent la poire en deux : l'argent versé par l'assuré âgé de plus de 70 ans subira la règle des 200 000 francs, pas celui investi par le plus jeune. Dans un régime communautaire, cette distinction ne tient toutefois pas la route. En l'absence d'avis convergents, de textes clairs et de toute jurisprudence sur le sujet, mieux vaut donc prendre le maximum de précautions. Et prévoir le pire...

18 Comment déjouer les pièges de la clause bénéficiaire ?

Une fois que le bénéficaire d'une assurance vie a accepté le bénéfice du contrat, il ne peut plus être révoqué, parfois au grand désespoir de celui qui l'a désigné, l'assuré. Voilà au moins ce qui est communément admis. Or c'est faux, explique Maître Michel Giray, notaire à Paris.

Le bénéficiaire d'un contrat d'assurance vie est la personne physique ou morale désignée par le souscripteur pour recevoir, en cas de décès de l'assuré ou à l'échéance du contrat, le capital ou la rente garantie par le contrat.

> La désignation des bénéficiaires

Les bénéficiaires du contrat apparaissent dans la clause bénéficiaire. Ils peuvent être désignés de façon nominative, par leur nom et leur prénom ou bien de façon indirecte par la mention “mon conjoint”, “mes héritiers”... La désignation d'un ou plusieurs bénéficiaires revêt une importance particulière. En effet, l'article L 132-13 du code des assurances précise que «le capital ou la rente stipulée payable lors du décès de l'assuré à un bénéficiaire désigné ou à ses héritiers ne fait pas partie de la succession de l'assuré» et est par conséquent totalement exonéré de droits de succession, sous réserve des dispositions prévues par l'article 757 B du CGI afférent aux cotisations versées par les assurés âgés de plus de 70 ans. Or l'un des objectifs du souscripteur n'est-il pas d'alléger l'impôt sur les successions ? Autrement dit, l'absence de bénéficiaire désigné au contrat, une désignation imprécise ou encore le prédécès du bénéficiaire aura pour conséquence la réintégration du capital décès dans l'actif successoral et son imposition aux droits de successions.

«Il faut donc prendre la précaution, souligne Maître Giray, notaire à Paris, de toujours désigner un maximum de bénéficiaires subséquents pour qu'en cas de prédécès d'un bénéficiaire, il y ait toujours quelqu'un qui puisse récupérer le capital en franchise de droits de succession».

> Le démembrement de la clause bénéficiaire

Le démembrement de la clause bénéficiaire consiste à désigner deux bénéficiaires successifs, le premier en usufruit, le second en nue-propriété. Le cas le plus courant est celui d'un père qui souscrit un contrat d'assurance vie, dont il est l'assuré, instituant son épouse comme bénéficiaire en usufruit et ses enfants comme nus-propriétaires. Au décès de l'assuré, le bénéficiaire en usufruit recevra le capital ou la rente, à charge pour lui de le restituer à son décès aux nus-propriétaires. «Ce procédé, poursuit, Maître Giray, est devenu asez courant et est bien entré dans les mœurs. C'est un montage qui n'est pas toujours évident à mettre en œuvre, mais qui correspond à un objectif patrimonial précis : le souci de la protection du conjoint et l'optimisation de la fiscalité de l'assurance». En effet, le démembrement de la clause bénéficiaire permet deux transmissions successives en franchise d'impôt. Au décès de l'assuré, le bénéficiaire recevra le capital hors droit de succession pour la partie des primes versées avant le soixante-dixième anniversaire de l'assuré. Au deuxième décès, l'usufruit rejoindra la nue-propriété sans paiements de droits supplémentaires.

A savoir : un usufruit portant sur des biens consomptibles, c'est-à-dire dont on ne peut faire usage sans les consommer, en l'occurrence une somme d'argent, est un quasi usufruit. Cela implique que le quasi usufruitier détient un véritable droit de propriété sur le capital ou la rente qui lui a été versé et a la possibilité d'en disposer pleinement. Le nu-propriétaire n'a qu'un simple droit de créance sur la succession de l'usufruitier. Il existe donc un risque de dilapidation du capital par ce dernier. «En fait, un droit de créance est toujours assez délicat à manipuler car les nus-propriétaires n'ont pas forcément de bonnes garanties, la succession de l'usufruitier pouvant être criblée de dettes. En outre, ils doivent se réserver la preuve de leur titre de créance qui leur sera normalement délivré par la compagnie d'assurance lors du dénouement du contrat».

Outre la dilapidation du capital, le second inconvénient du quasi-usufruit est celui de la dévalorisation du capital. «Le quasi-usufruit est, par hypothèse, une créance nominale qui ne va pas être revalorisée dans le temps. Cent mille francs au décès de l'usufruitier n'ont plus la même valeur que cent mille francs au décès de l'assuré».

Pour pallier ces inconvénients, le souscripteur doit prendre des dispositions. Il s'agit de rédiger le plus précisément possible la clause bénéficiaire. «Je recommande souvent, conseille Maître Giray, d'assujettir la clause bénéficiaire de conditions, de contraintes. Le souscripteur peut prévoir un remploi du capital par le quasi-usufruitier, en biens immobiliers ou en produits financiers». Le quasi-usufruit se transforme de facto en usufruit portant sur les biens réemployés, protégeant ainsi les nus-propriétaires contre toute dilapidation et dépréciation du capital.

> L'acceptation par le bénéficiaire

Les bénéficiaires désignés au contrat d'assurance (si ils en ont connaissance) ont la possibilité d'accepter leur qualité de bénéficiaires. Pour ce faire, aucune condition de forme n'est requise. L'acceptation peut avoir lieu de façon expresse, par l'envoi d'une lettre recommandée à la compagnie d'assurance, ou de façon tacite par simple détention de la police ou sa signature sur la police d'assurance. «Dans la pratique, commente Maître Giray, pour qu'une acceptation soit efficiente et puisse être prouvée, il faut que la compagnie d'assurance en soit informée. Or, seule l'acceptation expresse le permet. Une fois que le contrat est dénoué, c'est un autre problème. Dès lors que la compagnie d'assurance a connaissance du décès de l'assuré, elle doit s'exécuter, verser le capital ou la rente aux bénéficiaires désignés, qu'ils aient acepté ou non».

L'acceptation du bénéfice d'un contrat d'assurance a des conséquences déterminantes sur l'éventuelle modification ou révocation des bénéficiaires par le souscripteur et sur le droit de rachat du contrat.

> La révocation des bénéficiaires

Le souscripteur d'un contrat d'assurance peut librement révoquer les bénéficiaires désignés sauf en cas d'acceptation par ces derniers (article 132-9 du code des assurances) qui peuvent alors se désengager par simple lettre à la compagnie mais qui le font rarement. Cette impossibilité de révoquer le bénéficiaire acceptant s'explique par le fait que l'assurance vie, qui repose sur le mécanisme de la stipulation pour autrui, est une donation indirecte. «En effet, le souscripteur s'appauvrit du montant des primes, remarque Maître Giray, et le bénéficiaire s'enrichit du capital versé par la compagnie. De fait, l'assurance vie est soumise aux mêmes règles de révocation que les donations, à savoir dans trois cas : l'ingratitude du bénéficiaire envers le souscripteur, la survenance d'un enfant du souscripteur et l'inexécution des charges». S'en ajoute une quatrième, prévue par le code des assurances : la tentative de meurtre de l'assuré par le bénéficiaire...

Les donations entre époux effectuées pendant le mariage sont quant à elles toujours révocables par les époux (article 1096 du code civil).

En cas de divorce, que se passe-t-il ? En fait, tout dépend de la façon dont la clause bénéficiaire a été rédigée. Si le bénéficiaire a été désigné indirectement par la mention “mon conjoint” cela exclut le conjoint divorcé du bénéfice du contrat. Le bénéficiaire sera le conjoint au jour de l'exigibilité du capital. Si l'époux bénéficiaire avait été nommément désigné, il peut conserver le bénéfice du contrat sauf révocation par le souscripteur. «Comme il s'agit d'une donation entre époux, à tout moment elle peut être révoquée, mais parfois elle l'est de plein droit, par exemple lorsque le divorce est prononcé aux torts exclusifs du bénéficiaire. Il perd alors automatiquement le droit au capital, même si le souscripteur ne l'avait pas révoqué» observe Maître Giray.

> L'incidence sur le droit de rachat

Si le bénéficiaire a accepté, le souscripteur n'est plus libre de racheter son contrat. «En effet, le souscripteur est lié au bénéficiaire. Le droit de rachat est suspendu à l'accord conjoint du souscripteur et du bénéficiaire acceptant ».

Pour que le souscripteur puisse se préserver d'une acceptation intempestive de la part des bénéficiaires désignés au contrat, s'ils en ont connaissance et se hâtent d'envoyer une lettre recommandée à la compagnie d'assurance, il est adroit, et c'est ce que conseille Maître Giray, de mentionner sur le contrat : «Le bénéficiaire est désigné dans un testament déposé chez Maître X.»

Le testament, acte par lequel une personne dispose de tout ou partie de ses biens le jour où elle décèdera, ne prend effet qu'au décès. Et il est, par nature, toujours révocable. «Un testament assure le caractère réversible de la désignation du bénéficiaire. Il préserve le droit de rachat, la liberté de mouvement du propriétaire du contrat». Le testement pourra être authentique (acte notarié) ou olographe (écrit, daté et signé de la main du testateur), mais dans ce cas, il vaut mieux le déposer chez un notaire ou dans un coffre en banque pour plus de sécurité.

19 Est-il possible de s'assurer après 70 ans ?

Pour profiter à plein de l'exonération des droits de succession liée à l'assurance vie, il vaut mieux s'y prendre avant 70 ans.
Passé ce cap, les possibilités sont restreintes. Mais pas totalement absentes. Tour d'horizon...

L'assurance vie jouit d'un avantage fiscal extraordinaire puisque les sommes transmises à un bénéficiaire désigné à la suite du décès de l'assuré ne sont pas assujetties aux droits de succession. Encore faut-il, pour profiter à plein de cette mesure, être âgé de moins de 70 ans. Cela ne veut pas dire pour autant que l'assurance vie n'ait plus aucun charme successoral passé cet âge. Simplement, les choses se compliquent et les possibilités sont beaucoup moins larges. Pour aider vos clients à tirer au mieux parti de la règlementation actuelle, voici les pistes à suivre.

> Transmettre sans limite

Pour peu qu'ils soient à la tête d'un contrat ayant été ouvert avant le 20 novembre 1991 (date d'introduction de la règle des 70 ans), ils ne sont pas concernés par cette mesure. En théorie, rien n'empêche donc l'assuré de continuer à verser des primes sur son contrat, lesquelles seront intégralement transmises aux bénéficiaires sans aucun droit, quel que soit leur montant et l'âge de l'assuré au moment des versements.

En pratique, mieux vaut se méfier car le fisc est aux aguets, prêt à sanctionner le moindre abus en appliquant les nouvelles règles de l'article 757 B du code général des impôts pour toutes les sommes versées après 70 ans et 1991 (celles investies avant cette date sont, en revanche, à l'abri). Il ne s'en privera pas si l'assuré a entrepris de transformer un contrat à prime unique en versements libres, en considérant à juste titre que l'économie du produit en a été totalement modifiée. Même sanction si l'assuré se met à augmenter ses versements dans le cadre d'un contrat à primes périodiques ou programmées, ou encore si les primes payées sur un contrat à versements libres sont disproportionnées par rapport à celles qui étaient réglées avant le 20 novembre 1991.

Dans ces conditions, le meilleur conseil à donner est de conserver ses anciens contrats (même s'ils ne sont pas très performants), et de continuer à les alimenter régulièrement, mais en faisant preuve de mesure dans le versement des cotisations. Si vous placez chaque année 50 000 F, par exemple, vous pouvez continuer sur le même rythme sans craindre les foudres du fisc, même après 70 ans. Mais entreprendre d'y mettre des sommes supérieures, c'est ouvrir la porte à bien des ennuis.

Dans tous les cas, n'oubliez pas qu'il vaut mieux éviter d'investir une trop grande partie d'un patrimoine en assurance vie, surtout s'il est important et si les bénéficiaires ne sont pas des héritiers réservataires. Sinon, les risques de requalification sont bien réels...

> Profiter à plein de l'abattement

Le contrat a été souscrit après le 20 novembre 1991 ? La donne change et ce sont les nouvelles règles de l'article 757 B du CGI qui s'imposent. Elles sont claires : les sommes versées avant 70 ans échappent totalement aux droits de succession (en prenant toujours garde à leur importance par rapport au patrimoine) ; celles versées après cet âge ne profitent que d'un abattement de 200 000 F. Cet abattement ne s'applique pas au contrat lui-même (il suffirait de souscrire plusieurs produits pour le contourner), mais à la personne de l'assuré.

Cette mesure n'est pas aussi dure qu'il y paraît à première vue, car seules les primes versées entrent dans l'assiette de calcul des droits de succession (1). L'intégralité des plus-values, elles, y échappent totalement. Prenons le cas d'une personne de 75 ans qui ouvre un contrat en versant un million de francs. Elle décède dix ans plus tard, alors que son compte épargne affiche un solde de 1,7 million. Les bénéficiaires du contrat devront payer les droits sur 800 000 F seulement, c'est-à-dire la différence entre 1 million et 200 000 F. Les 700 000 F de plus-values, eux, seront toujours hors droits. Ainsi, c'est la moitié du capital revalorisé qui sera transmise sans ponction fiscale (voir aussi le tableau).

Reste le risque de voir l'assuré décèder prématurément, sans que le capital ait pu progresser substantiellement. Dans ce cas, l'effet de levier sera beaucoup moins important. Pire encore : si l'investissement s'est déroulé dans le cadre d'un contrat multisupport et que les unités de compte retenues ont fortement baissé (2).

Pour parer ce risque, quelques assureurs (notamment Guardian et La Hénin Vie) ont introduit dans leurs contrats des garanties “Vie universelle”, qui trouvent là un champ d’application remarquable. Grâce à la présence d’une garantie décès, dont le coût est fonction de l’âge, l’assuré a la certitude que les bénéficiaires du contrat recevront bien un capital supérieur aux primes investies ; même s’il disparaît peu de temps après la souscription. En versant 200 000 F, il peut ainsi obtenir une garantie totale de 290 000 F environ ; somme minimale qui sera transmise sans droits. Dans le cas d’un multisupport, le capital décès pourra être adapté en permanence pour tenir compte des performances des différentes unités de compte retenues. Qu’elles baissent et la garantie décès sera augmentée en conséquence (elle coûtera toutefois de plus en plus cher) ; au contraire, qu’elles progressent fortement et la garantie décès s’éteindra d’elle-même.

«Quoi qu’il en soit, conclut M.H. Sharafi, de CPA Assurance Vie, plusieurs facteurs militent toujours en faveur de l’assurance vie dans une optique successorale, même après 70 ans et même sans garantie de prévoyance. C’est le seul produit qui permet de choisir librement le bénéficiaire en cas de décès, d’arbitrer un portefeuille de sicav sans impôt dans le cadre d’un multisupport, et d’échapper à l’impôt sur les plus-values sans plafond après 8 ans.» Rien que pour cela, l’assurance vie n’a pas perdu tous ses atouts.

> La preuve par 15

Après 70 ans, l’assurance vie permet encore de transmettre des sommes importantes sans impôt. Jugez-en : en versant un million de francs, les bénéficiaires peuvent mettre la main sur un capital de 1,908 MF si le client décède 10 ans plus tard, dont 1,108 MF sans droits de succession ! Ne vous arrêtez pas sur la barre des 200 00 F transmissibles sans impôt. L'assurance permet d'aller bien plus loin en toute légalité, pour peu que beaucoup d'eau s'écoule entre la souscription du contrat et le décès.

Durée	*Capital acquis*	*Hors droits de succession*
1 an	*1 037 900*	*237 900*
2 ans	*1 110 553*	*310 553*
3 ans	*1 188 291*	*388 291*
4 ans	*1 271 472*	*471 472*
5 ans	*1 360 475*	*560 475*
6 ans	*1 455 708*	*655 708*
7 ans	*1 557 608*	*757 608*
8 ans	*1 666 640*	*866 640*
9 ans	*1 783 305*	*983 640*
10 ans	*1 908 136*	*1 108 136*
11 ans	*2 041 706*	*1 241 706*
12 ans	*2 184 625*	*1 384 625*
13 ans	*2 337 549*	*1 537 549*
14 ans	*2 501 178*	*1 701 178*
15 ans	*2 676 260*	*1 876 260*

Prime versée : 1 million de francs
Droits d'entrée : 3 %
Rendement annuel : 7 %
Abattement : 200 000 francs

> Le cas particulier des contrats sur deux têtes

Deux assurés peuvent souscrire un même contrat, dans le cadre d'une adhésion conjointe. Si l'un des deux est âgé de plus de 70 ans, c'est une règle spécifique qui s'applique, car l'administration prend en compte l'âge du deuxième assuré décédé. Un exemple : un homme de 72 ans et sa compagne âgée de 65 ans versent un million de francs dans un contrat au profit de leur enfant. Si l'homme décède le premier, l'enfant recevra les sommes après le décès de sa mère sans droits de succession, puisque celle-ci était âgée de moins de 70 ans lors du paiement des cotisations. En revanche, si c'est la femme qui disparaît la première (faible probabilité...), l'enfant recevra le capital après le décès de son père et ne profitera que de l'abattement de 200 000 F. Attention, ces adhésions conjointes ne permettent pas de contourner les règles fiscales.

(1) Y compris les frais d'entrée. D'où l'importance, dans ce type de situation, de privilégier des contrats peu gourmands.

(2) Les bénéficiaires ont toujours la possibilité de se faire remettre les titres plutôt que leur contre-valeur en capital, mais ce n'est pas toujours très pratique.

20 L'assurance vie peut-elle procurer des revenus réguliers ?

Rien de plus facile que de transformer un contrat d'assurance vie en machine à fabriquer des revenus. Y compris pendant les huit premières années du contrat. La seule difficulté, c'est de choisir entre des rachats réguliers et la transformation pure et simple en rente viagère.

La nuance n'est pas seulement fiscale...

Si l'assurance vie est un placement de long terme par excellence, idéale pour constituer un capital, le valoriser sur au moins 8 ans ou le transmettre, elle fait montre d'une grande facilité d'adaptation pour servir d'autres objectifs patrimoniaux. C'est le cas, notamment, lorsqu'un assuré cherche à obtenir des revenus réguliers.

Depuis quelques années, de nombreuses compagnies ont d'ailleurs bien compris tout l'intérêt que leurs contrats pouvaient représenter dans cette démarche et plusieurs d'entre elles ont créé des produits spécifiquement destinés à répondre à ce besoin. Face aux traditionnelles rentes viagères, aux sicav à revenus ou aux Scpi de rendement, vous disposez donc désormais d'une alternative : procéder à des rachats partiels réguliers sur vos contrats, dans un cadre fiscal particulièrement avantageux.

Pour déterminer le meilleur conseil à donner, voici les points forts, et les faiblesses, de chacune de ces deux techniques.

> Rachats partiels, le risque de vivre longtemps

Avec les rachats partiels, l'assuré prélève, à intervalles réguliers ou non, une partie de son capital investi et des intérêts crédités. La formule répond bien aux attentes des contribuables fortement imposés, car elle leur permet d'améliorer leurs revenus sans alourdir leur feuille d'impôt. Mieux : en cas de décès prématuré, les capitaux restant sur le compte d'assurance sont transmis aux bénéficiaires sans droits de succession, dans la limite de la règle des 70 ans. C'est un atout de poids qui fait défaut à pratiquement tous les placements à revenus, et notamment aux rentes viagères...

L'idéal pour retirer des revenus dans les meilleures conditions, c'est évidemment d'attendre 8 ans, afin d'échapper à tout impôt et aux divers prélèvements sociaux. Reste qu'il n'est pas toujours possible d'attendre aussi longtemps et si les rachats doivent se dérouler durant les 8 premières années du contrat, il devient nécessaire d'acquitter l'impôt sur les plus-values retirées.

Durant les 4 premières années, le prélèvement libératoire s'élève à 39,9 %, et à 19,9 % entre 4 et 8 ans. Toutefois, cette imposition n'est pas aussi dissuasive qu'elle en a l'air car la méthode de calcul retenue par le fisc pour déterminer la plus-value imposable est assez favorable aux assurés (lire encadré). Du coup, l'imposition réelle sur les sommes retirées ne dépasse jamais 10 %

du retrait total ; chiffre à comparer aux 19,9 % qui frappent désormais la totalité des revenus obligataires...

Tout serait merveilleux si cette formule ne butait pas sur un détail important : ces fameux revenus ne peuvent être servis qu'à concurrence du capital existant. Si l'assuré, en pleine forme, vit longtemps, il risque fort d'épuiser les sommes disponibles.

Ce sera vrai, notamment, s'il souhaite indexer ses retraits à l'évolution du coût de la vie car très vite, il devra mordre sur son capital initial pour jouir de ses revenus. Et à partir de ce moment-là, il prend le risque de vider sa tirelire et de se retrouver démuni lors de ses très vieux jours. Pour cette raison, le rachat partiel est à réserver aux épargnants aisés qui disposent d'une solution de rechange pour se procurer des revenus suffisants en cas de longévité exceptionnelle.

Ce défaut peut toutefois être maîtrisé en modifiant le montant des retraits en fonction des performances engrangées par le contrat. Sur un produit qui rapporte 7 % par an, par exemple, l'assuré qui ne prélève que 3 % de la valeur acquise écarte pour de nombreuses années ce risque. En effet, les sommes investies continueront à s'apprécier de 4 % par an ; ce qui permettra d'adapter le montant des retraits à l'inflation au fil du temps. Mais une telle contrainte signifie également que votre client devra se serrer la ceinture pour s'assurer une tranquillité à long terme.

Quoi qu'il en soit, les candidats au rachat partiel auront tout intérêt à attendre au moins un an avant de commencer à opérer leurs ponctions. C'est un délai indispensable pour amortir les frais d'entrée et permettre au capital de se valoriser.

> Rentes viagères, la sécurité au prix fort

Avec la rente viagère, tous ces soucis disparaissent : quoi qu'il se passe, l'assuré a la certitude qu'il touchera ses revenus jusqu'à la fin de ses jours, même s'il bénéficie d'une longévité exceptionnelle. En choisissant l'option réversion au profit du conjoint, il peut même envisager de transmettre ces revenus à l'être cher qui en profitera, lui aussi, jusqu'à son décès. C'est la compagnie d'assurance (ou plutôt la mutualité des assurés) qui assume alors le risque financier et viager.

Mais cette sécurité se paie au prix fort : le capital constitutif de la rente se trouve en effet aliéné au profit de l'assureur. Il devient alors impossible de disposer du capital transformé en rente et, en cas de décès prématuré, toute la partie du capital qui n'a pas été utilisée est perdue pour les héritiers. Elle va gonfler les résultats techniques du compte de rentes viagères de la compagnie.

> Rente viagère ou rachat partiel ?

Pendant longtemps, un autre défaut s'ajoutait à celui-ci : comparés aux taux d'intérêt obligataires, les taux de conversion en rente viagère (1) faisaient pâle figure. Jugez-en : alors qu'un placement en obligations ou sur un contrat performant rapportait près de 10 % par an, la rente viagère ne procurait que 6 % à 7 % à 65 ans. Le calcul était vite fait et tous les professionnels recommandaient de délaisser la rente.

Aujourd'hui, la donne a bien changé, comme le fait remarquer Eric Le Baron, de Théma Assurance. «Les taux de rente viagère, explique-t-il, se comparent plus que favorablement aux taux obligataires et la rentabilité du viager devient tout à fait compétitive. Le taux de rente à 65 ans, par exemple, est identique au rendement des Oat, mais il est revalorisé ensuite chaque année, alors que ceux d'un produit financier demeurent en l'état. Il n'y a pas, non plus, le risque de replacement du capital qui existe avec un placement financier classique. Enfin, les nouvelles formes de rente qui sont apparues ces derniers temps permettent de ne pas aliéner totalement et immédiatement le capital ; l'assuré disposant d'un délai de dix ans ou plus pour confirmer son choix». Reste que l'ajout de telles garanties a forcément un coût, qui se traduit par une rente inférieure à celle obtenue dans le cadre d'un viager classique.

Et sur le plan fiscal ? En abritant le contrat d'assurance vie dans le cadre d'un Plan d'épargne populaire, les rentes échappent à tout impôt ; ce qui représente un avantage non négligeable. En dehors du Pep, le rentier devra toutefois ajouter une fraction de la rente encaissée à ses revenus imposables ; fraction variable selon l'âge au moment de la transformation (2).

Alors, rente viagère ou rachat partiel ? A chacun de déterminer la solution la plus avantageuse, en fonction des attentes du client, de son âge, de son patrimoine et de la sécurité recherchée. En sâchant que ce choix revient à faire un pari sur la durée de vie de l'assuré.

> Tirer des revenus de contrats multisupports ?

La recherche de revenus réguliers s'accompagne presque toujours d'un souci de sécurité. C'est pourquoi la plupart des contrats d'assurance à revenus sont adossés sur un fonds en francs qui garantit, pour toute la durée, un taux d'intérêt minimum auquel s'ajoutent les participations aux bénéfices. La visibilité à long terme est alors idéale. Il est néanmoins possible de monter un mécanisme équivalent avec un contrat multisupport en unités de compte, à condition d'accepter une part de risque plus élevée et de gérer au plus près le contrat.

En effet, dans la mesure où le capital est variable, il devient délicat de déterminer la part de "revenus" qui pourra en être retirée. La clé du problème réside alors dans l'allocation d'actifs qui devra être définie. En mettant 30 % des capitaux en monétaire, 30 % en obligations françaises, 25 % en actions françaises et 15 % en actions étrangères (ces proportions n'ont qu'une valeur indicative), il devient possible de combiner le service des revenus avec une recherche de forte valorisation à long terme. Durant les premières années, les rachats doivent être opérés sur les supports monétaires et obligataires à hauteur de 4 % environ, comme ils le seraient sur des contrats en Francs. Par la suite, en fonction de l'évolution des marchés, l'investisseur pourra soit effectuer ses rachats sur les supports spéculatifs - éventuellement en augmentant le volume de revenu tout en maintenant le capital -, soit arbitrer ses investissements en actions vers les supports sans risques pour mettre les gains à l'abri et y effectuer ses rachats.

Le risque est à la hauteur des espoirs de gains : si les marchés baissent fortement, c'est le service des revenus qui sera remis en cause.

(1) Il s'agit du pourcentage appliqué sur le capital investi, en fonction de l'âge de l'assuré au jour de la transformation en rente et du taux technique retenu pour la rente.

(2) 70 % des arrérages de rente sont imposés sur la transformation qui a lieu avant 50 ans, 50 % entre 50 et 59 ans, 40 % de 60 à 69 ans, 30 % à partir de 70 ans.

21 Vaut-il mieux racheter son contrat ou opter pour une rente ?

Un beau tableau vaut mieux qu'un long discours ! Pour démontrer les avantages et inconvénients des rachats partiels successifs et de la rente viagère, voici une simulation réalisée par la société Théma Vie, filiale du groupe Uap.

Cette simulation a été effectuée sur les bases suivantes : le client verse une prime unique de 1 million de francs. Les frais de souscription s'élèvent à 4 %, les frais de gestion à 1 %. Le rendement brut de l'actif a été établi à 7 % pour toute la durée du contrat. La rente viagère a été calculée sur la base d'un taux technique de 3,5 %. Pour que la comparaison soit valable, nous avons calqué le montant des rachats partiels successifs sur la valeur des rentes viagères qui seraient servies à votre assuré, celui-ci étant âgé de 65 ans à la souscription. Nous n'avons pas tenu compte de l'impact fiscal pour simplifier la démonstration (les rachats sont donc opérés après la huitième année du contrat, la rente est délivrée dans le cadre d'un Pep Assurance).

La conclusion ? Les rachats partiels successifs sont plus favorables si l'assuré décède avant sa 83ème année, car il a reçu pendant 17 ans des revenus équivalents à ceux de la rente viagère tout en gardant une partie de son capital disponible pour être transmise à ses héritiers. Par contre, en cas de longévité plus importante, c'est la rente qui prend le dessus : passés 83 ans, elle permet de continuer à recevoir les revenus réguliers en augmentation constante, alors que la source des rachats partiels est tarie. Choisir entre rente et rachat revient donc à faire un pari sur l'espérance de vie. Un pari forcément risqué...

Années	*Montant des arriérages de rente et des rachats partiels*	*Capital restant disponible en fin d'année dans le cas des rachats partiels*
1	66 015	950 912
2	68 326	938 974
3	70 717	923 938
4	73 193	905 534
5	75 754	883 478
6	78 406	857 462
7	81 150	827 159
8	83 990	792 219
9	86 930	752 267
10	89 972	706 903
11	93 121	655 701
12	96 381	598 203
13	99 754	533 922
14	103 245	462 337
15	106 859	382 894
16	110 599	295 000
17	114 470	198 023
18	118 477	91 289

> La fiscalité des rachats partiels

Les plus-values retirées d'un contrat d'assurance vie sont taxées à 37 % durant les quatre premières années, et 17 % entre la quatrième et la huitième année. Ce sont ces taux qui s'appliquent sur la totalité des gains lors d'un rachat total : un assuré qui met fin à son contrat après 3 ans seulement et retire 100 000 F de plus-values devra donc verser 37 000 F au fisc. Il en va tout autrement dans le cadre de rachats partiels successifs, car l'administration considère à juste titre que l'assuré retire une partie de son capital initial et une partie des plus-values. Pour simplifier, disons qu'un contrat d'assurance vie est une menthe à l'eau : le client verse de l'argent (l'eau) et chaque année s'y ajoutent des intérêts (la menthe). Quand il procède au rachat partiel, il boit donc une gorgée de sa menthe à l'eau, composée des deux ingrédients.

Pour déterminer avec précision la part de menthe et celle d'eau qui sont avalées, l'administration fiscale a fixé une règle de calcul. La plus-value imposable est établie à partir de la formule suivante :

« Montant du rachat partiel» moins («total des primes versées» multiplié par «montant du rachat partiel/valeur de rachat totale») = «plus- value imposable». Tous ces montants s'entendent à la date effective du rachat.

En clair ? Un assuré verse une prime de 100 000 F sur un contrat rémunéré à 7 % net. Après un an, il souhaite récupérer 7 000 F ; soit le gain obtenu durant l'année. La plus-value sera déterminée par l'opération suivante :

7 000 - (100 000 X 7 000 / 107 000) = 457 F.

C'est donc cette plus-value qui sera imposée, et non pas la totalité du retrait. Avec un prélèvement libératoire de 37 %, l'imposition s'élèvera à 169 F, soit 2,40 % du retrait partiel. Attention, au fur et à mesure que le temps passe, la proportion de plus-value retirée ne cesse de croître et l'imposition avec.

22 Quels sont les avantages financiers et fiscaux de l'assurance vie ?

L'assurance vie demeure le plus beau paradis fiscal français. Ce qui doit inciter à considérer qu'il peut, à tout moment, être piétiné par des fonctionnaires désireux de voir augmenter les recettes budgétaires.

En attendant, elle continue d'être fort séduisante, même si la loi de Finances pour 1997 va la rendre un peu moins intéressante.

Imaginons une inflation à 2 %, même 2,5 %. Et un placement à 7 % sans impôt. Imaginons que ce placement soit libellé en francs ou bien composé d'actions françaises, ou internationales, d'obligations françaises ou internationales là encore et qu'il puisse alors rapporter du 10, du 15, voire du 20 % et toujours sans impôts. Imaginons encore qu'un épargnant y investisse 50 ou 60 % de son patrimoine - qui peut être très important - et qu'à son décès ce patrimoine tombe sans impôt entre les mains de ses héritiers... Mais ne rêvons pas, ce placement, bien entendu, n'existe pas. Ce serait trop beau. Et pourtant, il est là, bien réel, tangible, et rencontre les faveurs des Français puisqu'il est devenu leur placement favori avec 400 milliards de francs collectés l'an passé et sans doute près de 500 milliards cette année si l'on s'en tient à l'évolution des neuf premiers mois de l'année. Ce placement c'est, bien évidemment, l'assurance sur la vie sous sa forme d'épargne-retraite.

En fait, il s'agit d'une épargne à long terme - au moins huit ans - confiée à une société d'assurance à laquelle l'épargnant est lié par un contrat. Celui-ci prévoit le plus généralement deux choses :

- en cas de décès avant la fin du contrat, l'épargne portée au crédit de l'assuré est versée au(x) bénéficiaire(s) qu'il a choisi(s) ;
- s'il est en vie au terme du contrat, l'épargne portée au crédit de son contrat lui est reversée à lui, soit sous la forme d'un capital, soit sous la forme d'une rente viagère réversible ou non au profit d'un tiers, soit encore sous la forme d'annuités certaines, c'est-à-dire d'une rente limitée dans le temps : 10 ans, par exemple, à la suite desquels elle s'éteint.

> Le paiement des primes

Les primes - ou cotisations - peuvent être versées en une seule fois (il s'agit alors d'une prime unique), en plusieurs fois (il s'agit alors de versements libres, l'assuré versant ce qu'il veut - dans les limites toutefois d'un minimum fixé par la société d'assurance - et quand il le veut) ou encore régulièrement : il s'agit alors d'un contrat à primes périodiques prélevées tous les mois, par exemple, ou bien d'un contrat à versements libres mais à paiements réguliers.

On évitera les contrats à primes périodiques dans la mesure où ils comportent presque toujours des frais commerciaux élevés qui viennent diminuer les versements portés au crédit du compte de l'assuré.

> La revalorisation des sommes versées

Les cotisations sont portées au crédit de l'assuré et réévaluées en fonction de l'actif de référence.

Les contrats en francs : les sommes versées par l'assuré sont intégrées au portefeuille de la compagnie d'assurance - son actif -, constitué très généralement de 80 à 85 % d'obligations et, pour le reste, de biens immobiliers et de prêts à des collectivités locales. Si l'actif de la compagnie s'apprécie de 8 % par exemple dans l'année, après déduction des frais et charges 7 % seront portés au crédit des assurés qui verront donc leur épargne s'acccroître d'autant. Les contrats en francs ont eu une rentabilité moyenne de 7,35 % en 1995. Avec la baisse des taux, elle devrait être de l'ordre de 6,90 % à 7 % en 1996.

Les contrats multisupports : ils sont composés d'un actif en francs et d'au moins deux sicav ou fonds communs de placement. En pratique, les contrats multisupports comportent au moins huit a dix supports différents de façon que l'assuré puisse exercer son choix entre les obligations, les actions, françaises, européennes, internationales, asiatiques... et faire glisser tout ou partie de son épargne d'un support à l'autre en fonction de l'évolution de la conjoncture. Ces choix, ou arbitrages, peuvent être laissés à son appréciation ou bien délégués à un gestionnaire : son conseiller ou la compagnie elle-même, en fonction de ses indications. Les performances peuvent être très fortes si les supports ont connu une croissance importante, mais en revanche, alors que dans les contrats en francs l'épargne acquise ne peut pas diminuer (c'est ce que l'on appelle l'effet de cliquet), il en va tout autrement dans les contrats multisupports : en effet, l'épargne monte ou baisse en fonction de l'évolution du ou des support(s) sur lesquels le contrat est adossé. On peut donc très bien avoir, pour un capital initial de 100 000 francs, un capital de 94 000 francs en année 1, de 123 000 francs en année 2 et de 112 000 francs en année 3...

C'est pourquoi, par prudence, les conseillers financiers ont tendance à recommander de prendre au moins 50 % de l'actif en francs - assorti d'un effet de cliquet - et le solde réparti sur des supports plus ou moins risqués selon l'âge de l'assuré : on privilégiera les actions à 50 ans, mais les obligations à 70.

> La fiscalité

L'assurance vie est assortie de deux atouts remarquables :

- Les sommes épargnées sont nettes d'impôt et de plus-values pour peu que l'épargne reste investie au moins huit ans (sauf décès de l'assuré). Ainsi, même si l'épargnant affecte la totalité de ses versements sur des supports actions, par exemple, et même s'il fait de très nombreux arbitrages, il percevra huit ans plus tard - ou à une date ultérieure qu'il aura librement choisie - un capital majoré des intérêts et plus-values net d'impôt sur le revenu et qui ne supportera pas d'imposition sur les cessions en cas de dépassement de seuil. Il est vrai, en revanche, que les sommes seront soumises à la CSG et au CRDS à effet du 1er janvier 1997, pour 3,9 % au total. Mais cette imposition est minime en regard des avantages fiscaux qui restent acquis à l'assurance vie.
- Les sommes versées par la compagnie d'assurance en cas de décès de l'assuré sont exonérées de droits de

succession. C'est là encore un formidable atout dont bénéficie l'assurance vie. Il permet à l'assuré de préparer sa succession, de désintéresser un ou des héritiers réservataires, de laisser une grande partie de son patrimoine à son conjoint ou à ses enfants sans qu'ils aient à payer de droits de mutation. A une réserve près : les sommes versées depuis le 21 novembre 1991 par un assuré âgé de plus de 70 ans entrent dans l'actif successoral après application d'une franchise de 200 000 francs. Mais cette règle ne vaut que pour les sommes versées et non pour les sommes capitalisées. En clair : un assuré âgé de 71 ans verse une prime unique de 500 000 francs et désigne son épouse comme bénéficiaire du contrat. Il va décéder 14 ans plus tard. Le montant du contrat, par le jeu des revalorisations annuelles, s'élèvera à 1,2 million de francs. Le capital n'entrera dans la masse successorale qu'à concurrence de 500 000 francs (prime versée) - 200 000 francs (franchise) = 300 000 francs. L'épouse percevra donc 900 000 francs nets d'impôts.

> Les rachats, les avances

Il est possible, avant l'échéance du contrat fixée le plus souvent, pour des raisons fiscales, à huit ans - attention, la durée au-delà de laquelle les contrats pourraient être exonérés d'impôt pourrait être repoussée de deux ans - de demander des avances sur son contrat. Ou encore de le racheter, totalement ou partiellement.

Les avances : elles sont consenties sur une fraction de l'épargne disponible. Les conditions générales du contrat en précisent le pourcentage. Ces avances sont toutefois accordées en contrepartie d'un taux d'intérêt généralement égal à celui de la revalorisation du contrat de l'année écoulée majorée d'un ou deux points.

Le rachat : qu'il soit partiel ou total, il est soumis, lorsqu'il intervient avant huit ans, à un prélèvement libératoire. Celui-ci ne porte toutefois que sur les intérêts acquis et non sur le principal. La sanction fiscale peut donc être relativement légère.

> Ce qui change en 1997

Un certain nombre de modifications prévues dans le cadre de la loi de finances pour 1997 touchent de plein fouet l'assurance vie.

- *Ainsi la CSG au taux de 3,4 % s'applique aux contrats d'assurance vie à compter du 1er janvier 1997.*
- *La CRDS, au taux de 0,50 %, va venir s'y ajouter, ce qui va porter le taux global du prélèvement à 3,9 %.*

Ainsi, un contrat dont la rémunération nette, fixée par l'assureur à 7 %, assurera-t-il un rendement de 6,727 %. Pour déterminer le rendement net d'un contrat en francs après prélèvement de la CSG et de la CRDS, le coefficient à appliquer au taux de rémunération nette est de 0,961.

- *En cas de rachat avant la huitième année, les taux respectifs du prélèvement libératoire seront de 37 % si le rachat intervient avant la quatrième année et de 17 % s'il intervient entre la quatrième et la huitième année.*

• *Pour les contrats multisupports, les prélèvements CRDS et CSG (soit 3,9 %), s'effectuent lors du dénouement du contrat. En cas de rachat d'un contrat multisupport avant la huitième année, le prélèvement libératoire est respectivement de 40,9 % (au lieu de 37 % pour les contrats en francs) et de 20,9 % (au lieu de 17 %).*

• *Les avantages fiscaux à l'entrée, sérieusement remis en question en 1995, sont à nouveau mis à mal. C'est ainsi que la réduction d'impôt de 4 000 francs plus 1 000 francs par enfant à charge est maintenue pour les cotisations versées à partir du 1er janvier 1997 dans les conditions suivantes :*

- les contribuables dont la cotisation d'impôt sur les revenus de 1996 est inférieure ou égale à 7 000 F bénéficient de la réduction pour les versements effectués dans le cadre de contrats à primes périodiques souscrits avant le 20 septembre 1995 et du 1er janvier 1996 au 4 septembre 1996 et cela, jusqu'à expiration de la durée des contrats ;

- pour les contribuables dont la cotisation d'impôt sur les revenus de 1996 est supérieure à 7 000 F, seuls les versements sur des contrats à primes périodiques souscrits ou prorogés avant le 20 septembre 1995 ouvrent droit à la réduction d'impôt jusqu'à expiration de la durée des contrats.

• *Toutefois, la réduction d'impôt de 7 000 F assortie à la souscription de contrats d'épargne-handicap et de rente de survie est maintenue.*

IMMOBILIER

23 Réduction Méhaignerie, êtes-vous concerné ?

En l'espace de dix ans, la réduction d'impôt "Méhaignerie" est devenue la plus populaire des mesures de défiscalisation immobilière. Sauf nouvelle prorogation du dispositif, 1997 sera la dernière année pour en profiter. Or les aménagements qui lui ont été apportés récemment devraient permettre à de nombreux investisseurs de se placer sous ce régime à condition de bien en respecter les règles du jeu.

Les particuliers qui construisent ou acquièrent un logement neuf entre 1993 et 1997 pour le louer non meublé, à usage de résidence principale, pendant au moins 6 ans peuvent prétendre à une réduction d'impôt au taux de 10 % ou 15 % en fonction du niveau de loyer pratiqué et des ressources du locataire (1). Le montant de l'investissement sur lequel s'applique la réduction est plafonné à 300 000 F pour une personne seule lorsque le taux est de 10 % et à 400 000 F dans l'hypothèse d'une réduction à 15 % ; ces plafonds sont doublés pour les couples mariés. En complément de cet avantage fiscal, l'investisseur bénéficie d'une déduction forfaitaire sur les revenus tirés des dix premières années de location, au taux majoré de 25 % (contre 13 % normalement). Mais sous sa simplicité apparente, le dispositif a gagné en complexité par suite des nombreux textes venus récemment l'amender. Cet inconvénient est toutefois largement compensé par les nouvelles opportunités offertes aux investisseurs.

Depuis 1994, le dispositif Méhaignerie a été étendu dans une double direction : la typologie des investissements praticables a été élargie et les possibilités de location assouplies.

> Logement neuf : une notion évolutive

Instituée pour développer le parc de logements, la réduction d'impôt Méhaignerie est réservée aux acquéreurs de biens neufs, en état futur d'achèvement ou déjà achevés mais qui n'ont jamais été habités. L'administration a toutefois rapidement élargi le champ d'application du dispositif aux appartements témoins d'un programme immobilier, aux logements édifiés par des sociétés civiles de construction vente et commercialisés moyennant une garantie de loyer, aux additions et surélévations de constructions sous certaines conditions. Plus important : les logements issus de la réhabilitation d'un immeuble d'habitation ancien et vétuste sont assimilés à des biens neufs lorsque l'opération de réhabilitation s'apparente à une reconstruction, impliquant une modification substantielle du gros œuvre, ou à défaut des aménagements internes d'envergure comparable.

Il y a là une possibilité d'investissement attractive, mais qui restait jusqu'ici desservie par une définition imprécise et fluctuante de la notion de reconstruction. Une instruction du 17 mars 1996 est venue opportunément officialiser ces tolérances administratives et en élargir le contenu. Ainsi, depuis le 1er janvier 1995, les acquisitions de logements réhabilités ou issus de la transformation en logements de locaux d'activité (commerciaux, professionnels, à usage de bureaux ou d'entrepôts...), ouvrent droit à la réduction d'impôt Méhaignerie dès lors que ces travaux ont été autorisés par un permis de construire et que l'acquisition du bien est assujettie à la TVA. Conséquence logique : les souscriptions au capital des SCPI ou des SII qui achètent ces biens dans les mêmes conditions ouvrent également droit à l'avantage fiscal.

Une seconde possibilité, proche de la précédente mais appelée sans doute à un meilleur succès, a été introduite au profit des propriétaires bailleurs qui transforment un local d'activité en logement(s) : la loi de Finances pour 1995 (art. 9), complétée par une instruction du 4 avril dernier, leur permet de bénéficier de la réduction d'impôt au titre de la réalisation de travaux de reconstruction, grosses réparations, agrandissement et amélioration payés depuis le 1/01/1994 et achevés avant le 31/12/1997. Ceux-ci doivent toutefois avoir fait l'objet d'un permis de construire et ne pas être déductibles des revenus fonciers, cette prohibition visant naturellement à éviter le cumul d'avantages fiscaux sur une même opération. En pratique, un tel risque de cumul concerne essentiellement les dépenses de grosses réparations : généralement considérées comme déductibles, elles devront, pour ouvrir droit à la réduction d'impôt, être indissociables de l'opération de transformation. Ce sera le cas, par exemple, des travaux de plomberie destinés à rendre l'immeuble habitable.

En raison de leur complémentarité, ces deux dispositifs devraient permettre l'évolution du parc immobilier dans un sens favorable à l'habitat : l'octroi de la réduction d'impôt aux acquéreurs de logements issus d'une opération de transformation peut inciter les promoteurs à entreprendre la reconversion de certains grands ensembles de bureaux, pour autant que celle-ci soit envisageable. De son côté, l'extension de l'avantage fiscal aux travaux eux-mêmes devrait encourager les particuliers à rechercher les locaux d'activité aujourd'hui vacants, proposés à la vente moyennant un prix du foncier souvent attractif : les travaux de transformation qu'ils y réaliseront leur ouvriront droit à une réduction au taux de 10 % (ou de 15 %) sur le coût de ces dépenses. Mais évidemment, les contraintes du dispositif Méhaignerie s'opposent à ce que l'avantage fiscal, au titre d'une même opération, s'applique concomitamment au prix d'achat du logement et aux dépenses de travaux.

> Des contraintes locatives assouplies

Pour briguer la réduction d'impôt, le propriétaire doit louer son bien "à des locataires qui en font leur résidence principale" (2). Cette condition a toujours été interprétée de manière stricte par l'administration qui refusait ainsi l'application de l'avantage fiscal en cas de sous-location, quelle que soit l'affectation finale du bien. Une instruction importante du 26 mars 1993 partait du même principe pour refuser la réduction d'impôt aux personnes investissant dans des "résidences à gestion mutualisée", estudiantine, par exemple : en effet, lorsque la gestion de ces immeubles collectifs est confiée à un organisme spécialisé pour une durée fixe, leurs propriétaires renonçant à en percevoir les revenus, de tels engagements sont assimilés par l'administration à des contrats de location entre le propriétaire (investisseur) et l'organisme gestionnaire.

Si elle ne remet pas en cause cette prohibition, la loi de Finances pour 1995 a cependant admis d'y déroger lorsque la location de logements neufs est consentie à des personnes morales privées (sociétés, associations) ou publiques (administrations de l'Etat, collectivités territoriales, organismes publics) qui les mettent à la disposition de leur personnel, pour en faire leur résidence principale.

La fiscalité immobilière a bénéficié de bien des aménagements depuis 1993, aussi les années 1996 et 1997 doivent être relativement favorables à l'investissement locatif, au moins sous l'angle fiscal. L'investisseur est en effet susceptible de bénéficier des mesures suivantes :

- le relèvement à 13 % (contre 8 % en 1992) de la déduction forfaitaire sur les revenus locatifs ;
- la possibilité de déduction des frais d'assurances sur pertes de loyer pour leur montant réel, depuis le 30/09/1994 ;
- l'imputation des déficits fonciers sur le revenu global du contribuable, plafonnée à 70 000 F à compter de 1995 ;
- le relèvement à 5 % de l'abattement annuel pour le calcul de la base imposable en matière de plus-values de revente...

Mais en raison des modifications successives du dispositif Méhaignerie, l'optimisation de la réduction d'impôt exige de prendre certaines précautions.

> Les écueils

Si le contentieux fiscal n'est guère étoffé en matière d'investissements Méhaignerie, les occasions de litiges procèdent le plus souvent du non respect, par le contribuable, des principes suivants :

- l'unicité de la réduction : un même contribuable ne peut bénéficier, au titre de ses investissements neufs locatifs réalisés entre 1993 et 1997, que d'une seule réduction d'impôt : peu importe qu'il en ait atteint ou non le plafond et que les opérations qu'il réalise, diffèrent par leur objet. Il n'est pas non plus permis de cumuler une réduction au taux de 15 % avec une seconde, au taux de 10 % (3).

Cette règle n'interdit pas à l'investisseur de réaliser plusieurs opérations au cours d'une même année mais à condition, ici encore, que le taux de la réduction soit le même ; si tel n'est pas le cas, le contribuable devra choisir entre le bénéfice de la réduction à 10 % pour tous ses investissements, ou à 15 % pour ceux d'entre eux qui permettent l'obtention de cette dernière.

- La règle du non-cumul : un particulier peut demander une réduction d'impôt entre 1993 et 1997 alors qu'il a déjà bénéficié d'un pareil avantage entre 1990 et 1992... mais à condition de ne pas cumuler, au titre de la même année, les fractions de réduction d'impôt relatives à chacune de ces opérations. Or une telle hypothèse pourrait survenir en 1996 ; ce sera, par exemple, le cas d'un investisseur ayant acquis en 1992 un logement achevé en 1993 dans le secteur intermédiaire : la réduction y afférente est en effet étalée sur 4 ans au maximum. Dans ces circonstances, l'investisseur aura intérêt à opter, au titre des années sur lesquelles les réductions se superposent, pour la plus attractive. Il continuera à bénéficier de la déduction forfaitaire de 25 % au titre de chaque investissement.

● La location entre membres de la même famille : alors que la loi de Finances pour 1993 avait ôté à l'investisseur la possibilité de louer le logement concerné aux membres de son foyer fiscal ainsi qu'à ses ascendants et descendants, cette possibilité paraissait restaurée l'année suivante. Pourtant, une instruction du 10/03/1995 est venue rappeler qu'il ne peut exister, au sens fiscal, de location entre les membres d'un même foyer fiscal. Les baux conclus depuis le 1/01/1994 au sein d'une même famille sont donc à nouveau autorisés, mais à condition que le preneur ait fondé un foyer fiscalement distinct de celui du bailleur. En revanche, pour l'octroi de la réduction au taux de 15 %, ces locations à caractère familial sont dans tous les cas prohibées.

> Les obligations

Pour être utilisée à plein, la réduction d'impôt doit respecter un double critère : le montant de l'opération (prix d'achat du bien ou coût d'acquisition des travaux, selon le cas) doit être égal au plafond de dépenses, et le niveau de la contribution fiscale de l'investisseur, sur les deux ou quatre ans d'application de la réduction, ne jamais être inférieur à la fraction annuelle de la réduction d'impôt. En effet, la partie non imputée de celle-ci n'est pas reportable d'année en année ...

Les difficultés apparaissant en cas de changement de situation de famille du contribuable (mariage, séparation ou divorce, décès) au cours de la période d'étalement de l'avantage fiscal. L'instruction du 10/03/1995 est venue heureusement apporter sur ce point les précisions souhaitées : l'évolution du foyer fiscal entraîne certes l'apparition d'un "nouveau foyer contribuable", mais celui-ci conserve néanmoins le droit d'imputer les fractions non déduites de la réduction d'impôt obtenu par l'«ancien foyer fiscal», et déterminées selon ses caractéristiques initiales. En d'autres termes, son taux et le plafond applicable demeurent inchangés. Suivant la même logique, le nouveau foyer fiscal peut bénéficier d'une réduction au titre d'un investissement réalisé en 1996 ou 1997 même si l'ancien contribuable avait déjà obtenu une réduction d'impôt pour une précédente opération ; il doit toutefois renoncer dans ce cas à l'imputation des quote-parts résiduelles, afférentes au précédent investissement, en vertu de la règle de l'unicité de la réduction d'impôt !

(1) La réduction d'impôt au taux de 10 % est également accordée aux souscripteurs de parts de SCPI et de SII investies dans les mêmes conditions ; en revanche, la réduction majorée à 15 % est exclue au titre de l'acquisition de parts de SII.

(2) Cf art. 199 decies I CGI.

(3) Le contenu de ces interdictions a été rappelé, encore récemment, par le Ministre de l'économie et des finances (réponse Dousset, J.O. Ass. nat., 31/07/1995).

24 En quoi l'amortissement Périssol est-il intéressant ?

L'amortissement Périssol permet une déduction des revenus fonciers de l'investisseur de 10 % du prix d'achat d'un logement neuf avant le 31 décembre 1998 et ce, pendant quatre ans. Une aubaine. D'autant que ce n'est pas le seul avantage de cette mesure.

«La loi Périssol (1) est une mesure révolutionnaire». L'opinion d'Yves Boussard, président de la FNAIM (Fédération nationale des agents immobiliers) semble être partagée par l'ensemble des professionnels de l'immobilier. Qui constatent un nouvel intérêt porté à ce secteur depuis l'annonce de cette loi. Notamment par des personnes qui vraisemblablement consacraient leur épargne à d'autres destinations que l'immobilier et y reviennent petit à petit. Il est certes encore trop tôt pour mesurer avec précision l'impact de ce dispositif puisque son existence officielle est récente. Mais, selon Yves Boussard «les résultats devraient être bons».

La raison principale de ce succès est bien entendu fiscale. Grâce à la loi Périssol l'acquéreur d'un logement neuf pourra dorénavant déduire 10 % de son revenu imposable - dans la limite annuelle de 100 000 francs - pendant quatre ans. La réduction se prolongera ensuite pendant vingt ans au rythme annuel de 2 %. En contrepartie, le bien acquis devra être laissé en location durant neuf ans.

Cette mesure intéresse donc principalement les contribuables fortement imposés. En dessous de la tranche d'imposition à 35 %, il est préférable d'opter pour un investissement de type loi Méhaignerie, en vigueur jusqu'au 31 décembre 1997. L'amortissement Périssol est d'autant plus efficace que l'achat est important. Pour un montant avoisinant le million de francs on peut atteindre le maximum de la déduction : 100 000 francs par an. Il est toutefois possible de démultiplier le bénéfice de la déduction lors d'un achat en indivision.

> Une résidence principale aux meilleures conditions

Par conséquent, dans le but d'une défiscalisation optimale les investisseurs peuvent se tourner vers des superficies relativement importantes. Mais cette raison n'est pas la seule. Comme le fait remarquer Yves Boussard, pour de nombreuses personnes ce placement est destiné à devenir leur résidence principale... dans les meilleures conditions fiscales. La mesure Périssol représente, en effet, une bonne alternative pour les personnes expatriées ou travaillant dans une région autre que celle où elles désirent passer leur retraite.

Mais, il est assez difficile de trouver de grandes surfaces actuellement. Car la déduction de 60 000 francs proposée par la loi Méhaignerie a incité les promoteurs à privilégier les studios et les deux-pièces. La prudence doit être de mise car certains promoteurs n'hésitent pas à les proposer dans le cadre de l'amortissement Périssol.

Or, certains de ces logements ont été construits à l'économie afin de rester dans la limite de la déduction fiscale. Et ne sont donc pas de très bonne qualité, d'où des litiges possibles avec le locataire. Faire d'un logement de piètre qualité sa résidence principale n'est pas l'objectif de l'investisseur Périssol. Quant à l'éventuelle revente avec plus-value, elle risque d'être bien compromise...

> Les réhabilitations, à certaines conditions...

S'il est vrai que les trois ou quatre pièces sont particulièrement recherchés, d'autres alternatives sont également possibles. Comme l'achat de plusieurs studios afin d'atteindre le maximum de la déduction permise par la loi Périssol. Ce choix est possible dans le cadre d'une résidence universitaire. Et séduit nombre de personnes selon Philippe Nicolet, président de Réside Etudes, une société spécialisée dans le marché des résidences locatives pour étudiants. Comme le souligne Philippe Nicolet, nombre de parents destinent un des studios à leur enfant scolarisé. Il pourra ensuite être loué à un autre étudiant ou vendu à terme avec la perspective d'une plus-value.

Si la loi Périssol exclut les résidences hôtelière et médicalisée, elle fait néanmoins exception pour les résidences de tourisme. Ces dernières peuvent donc bénéficier de l'amortissement Périssol. Le propriétaire peut dans certains cas et sous certaines conditions occuper le logement à titre saisonnier.

Si la loi précise que le logement doit être neuf, elle n'exclut pas pour autant les réhabilitations. Entrent donc dans le cadre de l'amortissement Périssol les logements acquis à titre onéreux qui ont fait l'objet de la part du vendeur de travaux de réhabilitation dont la nature et l'importance ont abouti à la création d'un logement neuf. Il peut également s'agir d'un logement issu de la transformation d'un local affecté à un usage autre que l'habitation. Les dépenses d'amélioration des logements ne sont pas déductibles mais amortissables aux taux de 10 % sur 10 ans. Les dépenses de reconstruction et d'agrandissement sont amortissables selon les mêmes modalités que le logement.

Mais, ceux qui sont réhabilités par l'acquéreur en vue de leur location n'ouvrent pas droit à l'avantage fiscal. Le point de départ de l'amortissement est le premier jour du mois de l'acquisition du logement ou de son achèvement. Quand il a lieu après le 31 janvier de l'année d'imposition, la première annuité, la cinquième (celle où l'amortissement passe de 10 à 2 %) et la dernière (au bout de 25 ans) sont réduites prorata temporis.

> Un placement familial...

La durée obligatoire de neuf ans de la location est calculée de date à date à compter de la prise d'effet du bail. A défaut de relocation dans un délai de douze mois à compter de la date de réception de la lettre recommandée par laquelle le locataire a signifié son congé, l'administration procédera à la remise en cause des déductions pratiquées. Il faut également savoir qu'en optant pour l'amortissement Périssol, la déduction forfaitaire de 13 % sur le montant des loyers perçus est ramenée à 6 %.

Mais il s'agit d'un petit inconvénient comparé aux avantages que procure ce dispositif. Il laisse en effet la possibilité au propriétaire de louer à un membre de sa famille dès lors que ce dernier n'appartient pas au même foyer fiscal. D'autre part, la loi englobe dans sa notion de personne aussi bien les personnes physiques que morales. Il peut donc s'agir d'une société d'exploitation qui sous-loue le logement à une personne physique ou à une association qui le met à disposition de ses membres ou de personnes défavorisées.

Un autre point mérite d'être souligné en matière de location. Il faut bien veiller, surtout durant la période de vingt ans où la déduction tombe à 2 %, à ce que les revenus ne soient pas supérieurs aux sommes déduites. En ce cas, l'opération génèrerait des bénéfices fonciers qui viendraient accroître le revenu global. Et donc les impôts. Ce qui n'est évidemment pas l'objectif d'un investissement de défiscalisation. Reste pour le bailleur la possibilité d'un report sur les revenus fonciers des années suivantes.

En cas de transmission du logement, les héritiers, légataires ou donataires peuvent demander la reprise à leur profit du régime Périssol pour la période restant à courir. En cas de donation, elle permet au donateur de conserver le bénéfice des déductions qu'il a pratiquées. Mais la défection d'un seul d'entre eux entraînerait l'impossibilité pour les autres de pratiquer la déduction et, en cas de donation, la reprise des déductions opérées par le donateur.

Le mariage, le divorce ou la séparation modifient le foyer fiscal et entraînent la création d'un nouveau contribuable. Lorsqu'un tel événement intervient au cours de la période de neuf ans, l'administration admet que le nouveau contribuable puisse demander la reprise à son profit du dispositif dans les mêmes conditions que les héritiers, légataires ou donataires. S'il ne demande pas cette reprise, les amortissements pratiqués par l'ancien contribuable font l'objet d'une remise en cause. Celle-ci n'a pas lieu lorsque le contribuable ou l'un des époux soumis à imposition commune décède. Il en va de même en cas d'invalidité et de licenciement.

La loi Périssol semble donc ouvrir la porte d'un renouveau pour le secteur immobilier qui était plutôt morose depuis quelques années. Tout en se réjouissant les professionnels espèrent déjà que cette mesure sera reconduite. Et souhaitent la venue d'une loi similaire concernant l'immobilier ancien. Car, comme le fait remarquer Yves Boussard, «les deux marchés sont liés et il y a dans le cadre de la gestion et de la redynamisation des centres villes la volonté de la part de beaucoup de maires de favoriser cet investissement». Affaire à suivre.

> Le choix entre plusieurs régimes fiscaux

Le contribuable, indique la loi, doit demander à bénéficier de l'amortisssement Périssol «lors du dépôt de la déclaration des revenus de l'année d'achèvement de l'immeuble ou de son acquisition si elle est postérieure». Il ne peut plus, par la suite, revenir sur son option. Mais un contribuable peut opter pour différents régimes fiscaux au gré de ses investissements.

> Les simulations de loyers sont souvent trompeuses

L'emplacement du logement est, comme toujours, primoridal. Il vaut mieux privilégier les quartiers cotés aux zones spéculatives dont l'aménagement n'est pas encore achevé. En ce qui concerne les loyers il faut également faire attention aux simulations de rentabilité des rendements locatifs vantées par certaines brochures. Car certaines prévisions de loyers n'ont pas de rapport avec la réalité locale. Téléphoner à plusieurs agences immobilières voisines du projet permet d'obtenir une fourchette des loyers beaucoup plus crédible.

> Amortissement tout compris

Dans le cadre de la loi Périssol, c'est le prix total du logement dont il est tenu compte. A savoir :

- *pour un appartement ou une maison en lotissement : prix d'acquisition, honoraires du notaire, droits divers, TVA, commissions versées aux intermédiaires...*
- *pour une maison en diffus : prix du terrain, prix des matériaux, de l'entrepreneur, honoraires d'architecte, TVA, droits d'enregistrement, commissions versées aux intermédiaires...*

(1) loi 96-314 du 12 avril 1996. Décret d'application n° 96-632 du 16 juillet 1996. Instruction du 30 août 1996 (Bulletin officiel des impôts).

25 Quels sont les atouts de l'immobilier ancien locatif ?

En juin 1993, le plan Balladur de relance du logement faisait la part belle au marché du neuf. Le dispositif Périssol d'amortissement des investissements immobiliers locatifs répond aujourd'hui au même souci.

Pourtant, les nombreuses mesures prises depuis trois ans ont également modifié en profondeur le statut de l'habitat ancien. Une situation probablement exceptionnelle...

Les professionnels ne le répéteront jamais assez : l'acquisition d'un logement est fondamentalement un placement immobilier qui doit donc être apprécié sur la base des critères propres à ce secteur. Mais bien sûr, l'innocuité d'un tel investissement est également fonction de son traitement fiscal, de l'état du marché et de son environnement juridique. Or depuis 1993, mais pour un temps probablement limité, l'ensemble de ces données a évolué dans un sens favorable à l'immobilier locatif, le secteur de l'ancien bénéficiant de surcroît de quelques mesures particulièrement séduisantes.

> Un dispositif fiscal foisonnant

Depuis 1994, pas moins de dix lois sont venues modifier les règles de la fiscalité immobilière, auxquelles il faut ajouter des décrets d'application et des arrêtés plus nombreux encore. Les plans successifs de relance du logement ont été ainsi souvent critiqués pour leur complexité, leur manque de cohérence et la portée de leurs prescriptions généralement temporaires. Pourtant, si l'on appréhende les mesures prises dans leur globalité, le régime fiscal locatif des logements anciens apparaît aujourd'hui sensiblement plus attractif qu'en 1993. Ainsi, chacune des trois phases du placement immobilier - achat, détention, cession - jouit de plusieurs avantages nouveaux qui, ajoutés les uns aux autres, améliorent sa rentabilité de façon significative :

● Détention : le taux de la déduction forfaitaire pratiquée sur les revenus locatifs, égal à 8 % en 1992 a été porté à 10 % au 1er janvier 1993 et s'établit à 13 % depuis 1995 (2). Même si le relèvement ainsi opéré reste limité - le taux de la déduction était de 35 % avant 1978 ! - il doit cependant être mis en regard avec les autres avantages récemment accordés au bailleur. Ainsi celui-ci peut désormais déduire les primes d'un contrat d'assurance couvrant ses loyers impayés (à condition que le contrat ait pour objet exclusif ce risque).

Surtout, la loi du 22 juin 1993 a redonné aux bailleurs la possibilité - qui avait été supprimée en 1977 - d'imputer leurs déficits fonciers sur l'ensemble de leurs revenus, à concurrence de 50 000 F en 1993 et 1994, de 70 000 F depuis 1995 (les intérêts d'emprunt restant toutefois exclus de son champ d'application). Mais on oublie trop souvent que l'octroi de cet avantage est assujetti à l'engagement de louer les immeubles concernés pendant au moins trois ans à compter de l'année du déficit : une exigence bien contraignante, chaque nouvelle imputation annuelle sur le revenu global imposant de reconduire cet engagement. En revanche, depuis 1996, la fraction du déficit imputable qui est supérieure à 70 000 F peut venir en déduction des revenus fonciers qui seront perçus au cours des dix années suivantes, alors que ce délai était antérieurement de 5 ans (3).

● Cession : ici encore, deux avantages fiscaux récents doivent permettre d'optimiser cette opération. Ainsi, depuis le 26 juin 1993, en cas de revente, l'abattement applicable sur la plus-value éventuellement dégagée s'élève à 5 % par année de détention, contre 3,33 % auparavant. Cette revalorisation ne fait jamais que reprendre le régime applicable jusqu'en 1990 ; elle n'en est pas moins significative en ce qu'elle réduit de 32 à 22 ans le délai maximum d'exonération des plus-values. Les pouvoirs publics espéraient que cette mesure permettrait d'activer la revente d'immeubles ayant engrangé de fortes plus-values du fait de leur détention de longue date. Si, avec trois ans de recul, le résultat s'avère finalement plus limité que prévu, la mesure n'en offre pas moins une perspective séduisante aux nouveaux acquéreurs qui investisseent aujourd'hui sur la base de prix assainis.

Dans l'hypothèse où le propriétaire souhaiterait transmettre son bien à ses proches plutôt que de le revendre, la fiscalité des mutations à titre gratuit se substitue à l'imposition des plus-values (4) et s'assortit d'autres attraits : la donation ou la transmission par décès d'un ou plusieurs logements anciens est susceptible - moyennant, il est vrai, le respect de contraintes locatives sévères - de permettre l'exonération partielle des droits dûs, au titre des immeubles acquis entre le 1/08/1995 et le 31/12/1996. Cette exonération est plafonnée à 300 000 F par part reçue par chacun des gratifiés, dans la limite des trois-quarts de la valeur des immeubles transmis. Mais cet avantage pourra éventuellement être combiné avec les autres abattements prévus en faveur des transmissions espacées de plus de dix ans ainsi qu'avec les nouvelles mesures applicables aux donations réalisées depuis le 1er avril ...

> Un environnement économique propice

En 1997, l'investissement immobilier offre trois atouts par rapport à la situation qui prévalait encore en 1992 :

- une baisse durable des prix de l'immobilier francilien : perceptible dès la fin de l'année 1990, la crise du logement se traduisait en 1991 par une diminution des ventes de constructions neuves et une chute des transactions sur le marché parisien de l'ancien ; sur celui-ci, la baisse des prix atteignait déjà 17,2 % entre décembre 1990 et fin 1993, les appartements de petite et moyenne taille retrouvant à cette date, leur niveau de prix de la mi-1989. Et si l'année 1994 s'est traduite par une reprise modérée du secteur et même un sursaut des prix de 1,4 %, cette embellie n'a été que passagère, 1996 apparaissant comme une «année très décevante» aux dires mêmes des experts du Crédit Foncier. A Paris, les prix dominants ont ainsi oscillé en 1996 entre 13 000 F et 14 000 F le mètre carré. La situation n'était pas différente en banlieue, tandis qu'en grande couronne, les biens de qualité trouvant preneur se sont vendus à une valeur inférieure en moyenne de 10 % par rapport aux prix de transaction 1995. L'évolution est en revanche beaucoup plus contrastée en province où le marché immobilier de l'ancien, moins atone, a même enregistré quelques hausses modestes, comprises entre 2 % et 6 %.

Eu égard aux baisses constatées depuis 1990, les prix actuels peuvent donc constituer des niveaux d'achat attractifs. Il n'est cependant pas certain que cette situation perdurera : les derniers mois de 1995 ont été marqués par une certaine stabilisation des prix ; l'effet d'aubaine attendu des mesures de la Ddoef et, à moyen terme, l'amélioration du climat économique général sont susceptibles de renverser la tendance baissière constatée depuis cinq ans.

Le calcul de rentabilité prévisionnelle de l'investisseur devra cependant tenir compte de la dégradation récente du marché locatif qui s'illustre à la fois par une moindre solvabilité des locataires, un déclin relatif de la demande et une baisse relative des loyers : la Chambre des notaires constatait ainsi au mois de mars 1996 que les valeurs mensuelles dominantes étaient tombées à Paris à un niveau inférieur à 100 F le mètre carré.

● des possibilités de financement diversifiées : en 1993, le ministère du Logement avait augmenté sensiblement le volume des prêts aidés (PAP, PLA, PLI), cet effort ayant été maintenu en 1994. Plus récemment, l'arrêté du 25 janvier 1996 est venu réduire le montant minimum des travaux à réaliser sur logement ancien pour bénéficier du prêt à taux zéro : au titre des offres de prêt émises en 1996, ce montant minimum est ainsi abaissé de 35 % à 20 % du coût total de l'opération. Certes, cette formule de crédit est normalement destinée aux personnes souhaitant faire l'acquisition de leur résidence principale mais une possibilité de mise en location est ouverte - et même imposée - aux emprunteurs qui investissent dans la perspective d'occuper le bien à leur retraite.

De leur côté, les établissements bancaires ont sans doute contribué à sensibiliser le public aux mesures de relance en proposant de nouveaux instruments de crédit, par exemple à remboursement modulable qui permettent ainsi d'optimiser plus facilement la capacité de financement des acquéreurs.

Surtout, mise à part la reprise passagère des taux d'intérêt intervenue au dernier trimestre 1994, la baisse tendancielle des taux de prêt observée depuis 1992 offre des perspectives alléchantes aux nouveaux investisseurs.

Ainsi, en janvier 1997, le coût moyen des prêts libres à taux fixe s'établissait, tous établissements confondus, à moins de 7,60 % hors assurances, contre 8,85 % au dernier trimestre 1995, ces conditions étant par ailleurs modulables en fonction de la situation patrimoniale et du plan de financement de chaque emprunteur. Enfin, les mesures en faveur de l'épargne logement contenues dans la DDOEF de 1996 - mais, qui, pour certaines d'entre elles, attendent encore un décret d'application - sont susceptibles d'élargir les possibilités de financement offertes au candidat investisseur : majoration de ses droits à prêt de 20 % pour les offres de prêt émises en 1996 au titre d'un PEL ; élargissement de la typologie des biens pouvant être financés ; possibilité de retrait des sommes épargnées sur certains contrats, pour financer des travaux d'entretien ou d'amélioration.

- une rentabilité plus séduisante : dans la période de désinflation actuelle, le placement immobilier n'est plus recherché prioritairement pour son aptitude à protéger le capital. En revanche, alors que le niveau exceptionnellement élevé des taux d'intérêt réels depuis le début des années 80 a largement favorisé dans leur ensemble les placements financiers aux dépens de la pierre, la baisse des taux conjuguée aux mesures fiscales de relance du logement tend à rééquilibrer les attraits présentés par chacun de ces supports.

Le durcissement du régime des plus-values sur valeurs mobilières opéré par la loi de Finances pour 1996 va évidemment dans le même sens, encore que l'imposition au taux de 20 % sur les plus-values de titres demeure manifestement avantageuse par rapport au taux marginal que subira un contribuable à hauts revenus, dans le cadre d'une revente immobilière.

> Un cadre juridique plus sécurisant

L'organisation des rapports locatifs s'est opéré, depuis plusieurs décennies, le plus souvent à l'avantage du locataire, ainsi qu'en témoignent les diverses mesures de blocage des loyers, le droit au maintien dans les lieux et l'extension de la durée des baux, en 1982. En 1994, un nouveau texte législatif est intervenu dans le prolongement de la loi du 6 juillet 1989, dite Mermaz-Malandain, pour aménager les rapports locatifs.

A dire vrai, ce nouveau dispositif comporte autant de mesures favorables au locataire qu'au bailleur mais il vise en priorité à consacrer certaines pratiques et à sécuriser les relations entre les parties : une rédaction plus précise des baux est désormais exigée, l'information des contractants est améliorée. (Ainsi, par exemple, l'identité du nouveau propriétaire doit impérativement être communiquée au locataire en cas de mutation des locaux au cours du bail). Par ailleurs, la nouvelle loi précise qu'en l'absence de congé donné par le bailleur, le contrat est reconduit mais la durée de cette reconduction est limitée à trois ans pour les bailleurs personnes physiques ou six ans, s'agissant des personnes morales ; auparavant, le contrat se trouvait reconduit pour sa durée initiale, parfois plus longue.

A côté de ces dispositions générales, le bailleur voit sa situation améliorée sur plusieurs points : en 1992, la Cour de Cassation avait jugé qu'un congé (ou une proposition de renouvellement) du bailleur qui n'était pas adressé au conjoint co-locataire n'était pas opposable. La nouvelle loi a assoupli sur ce point les contraintes du bailleur en prévoyant que la bonification du congé est désormais valable à l'égard du conjoint du locataire si son existence n'a pas été préalablement portée à la connaissance du bailleur et ce depuis le 1er janvier 1995. Il faut toutefois préciser que ces nouvelles dispositions ne concernent que les baux régis par la loi de 1989 et les locations meublées ou saisonnières, les sous-locations, les locaux assujettis à la loi de 1948 ...

Un autre aménagement important mérite d'être rappelé : lorsqu'un cautionnement est accordé sans indication de durée, la caution peut résilier son engagement à tout moment. Pour éviter les conséquences graves impliquées par cette règle, la nouvelle loi sur l'habitat prévoit que la résiliation de la caution ne peut prendre effet qu'au terme du contrat de location - moyennant cependant le respect d'un formalisme plus exigeant. Le bailleur est ainsi certain de conserver sa garantie pour toute la durée du contrat, sécurité importante dans le contexte actuel...

Mais demain, les acquéreurs de logements anciens bénéficieront peut-être d'une protection supplémentaire : les députés ont en effet adopté une proposition de loi dite loi Carrez, votée le 18 décembre 1996, visant à renforcer leur sécurité en imposant d'indiquer dans la promesse et l'acte de vente, sous peine de nullité, la surface habitable du logement mis en vente. En cas de différence supérieure à 5 %, entre la superficie réelle et celle mentionnée à l'acte, l'acquéreur pourra exiger, dans le délai d'un an, une réduction du prix de vente dans la même proportion.

Cette mesure est applicable au 1er juin 1997. L'acquéreur pourra appréhender avec plus de certitude la valeur de son investissement. Il faut toutefois espérer que cette mesure n'encouragera pas une tendance commune à de nombreux particuliers et qui consiste à juger du bien fondé d'un placement en comparant son prix d'achat à la valeur moyenne du mètre carré communiquée par les organismes spécialisés . cette comparaison purement arithmétique, fait abstraction des écarts de prix justifiés par l'emplacement, l'état du bien et la qualité de sa construction ; or, l'ensemble de ces facteurs peut entraîner, dans certaines circonstances, une variation du simple au double du prix des immeubles dans le même périmètre.

> A savoir

Afin de respecter les contraintes budgétaires imposées aux Etats membres de l'Europe pour l'adoption de la monnaie unique, de substantielles réductions de dépenses en matière d'aides à l'emploi et au logement devraient être décidées par la France en 1997.

(1) Loi du 12 avril 1996 portant diverses dispositions d'ordre économique et financier pour 1996.

(2) Cf loi de finances rectificative pour 1995.

(3) Cf DDOEF 1996, art. 31.

(4) Certes, le paiement de l'impôt incombe en principe aux gratifiés mais les droits de donnation peuvent toutefois être pris en charge par le disposant.

(5) Un dynsamisme relatif a ainsi caractérisé les marchés de Brest, Bayonne, Clermont-Ferrand, Limoges, Metz, Nancy, Tarbes et Nîmes.

(6) Loi n° 94-624 du 21 juillet 1994 relative à l'habitat.

> Les prix de l'ancien à Paris

(arrondissement par arrondissement, prix au m² à fin 1996)

Ier	18 218 F
IIème	15 259 F
IIIème	14 986 F
IVème	18 462 F
Vème	19 405 F
VIème	21 864 F
VIIème	22 077 F
VIIIème	20 230 F
IXème	13 658 F
Xème	11 800 F
XIème	13 170 F
XIIème	14 256 F
XIIIème	14 478 F
XIVème	16 794 F
XVème	16 964 F
XVIème	20 025 F
XVIIème	15 644 F
XVIIIème	11 708 F
XIXème	11 506 F
XXème	12 175 F

26 Comment valoriser un patrimoine locatif ?

Mais comment des propriétaires privés peuvent-ils financer des travaux d'envergure rendus nécessaires, sur des immeubles qui ne leur rapportent souvent aucun revenu ? La mise en place d'un bail à réhabilitation ou à construction est une solution à ne pas négliger.

En mai 1990, la loi Besson (1) instituait une nouvelle catégorie de bail, dit «à réhabilitation». Le principe en est simple : le propriétaire d'un immeuble ancien ou vétuste, quelle que soit son affectation, consent un bail à un preneur du secteur public qui s'engage à y apporter les améliorations nécessaires puis à la louer à titre d'habitation. Au terme du bail à réhabilitation - d'une durée fixée au minimum à 12 ans -, le propriétaire reprend possession du bien ainsi remis en état, en général gratuitement et libre de toute occupation.

Le bail à construction est a priori très différent puisqu'il a été instauré, au début des années soixante, pour permettre aux constructions de disposer de terrains afin d'y édifier des immeubles, sans que les collectivités publiques soient obligées de participer à leur financement. Mais cette catégorie de bail a, comme la précédente, des effets réels qui excèdent le simple droit de jouissance : au terme du bail à construction, - soit

18 ans au minimum - le propriétaire récupère son terrain ainsi que les bâtiments qui y ont été édifiés, sans devoir normalement de compensation au constructeur.

Or, si l'on précise que le foncier apporté à bail construction peut être déjà bâti - le preneur étant alors tenu de réaliser de nouvelles constructions ou de remplacer les anciennes - ce bail peut donc constituer une solution alternative au bail à réhabilitation. Les particuliers peuvent ainsi tirer utilement parti de ces formules pour valoriser leur patrimoine immobilier.

> Les opportunités patrimoniales du bail de réhabilitation

Trop peu usité, le bail à réhabilitation se caractérise par sa vocation sociale : la réhabilitation doit impérativement avoir pour objet la location de biens à usage exclusif d'habitation et le preneur ne peut être qu'un organisme d'HLM, une société d'économie mixte, une collectivité territoriale ou une entité ayant pour objet de contribuer au logement des personnes défavorisées (elle doit être agréée à cette fin par l'Etat).

Mais plusieurs raisons peuvent inciter le bailleur à y avoir recours.

La mise en place du bail se réalise généralement de la manière suivante : l'organisme de logement social approché par le propriétaire réalise une étude de faisabilité à partir du projet de réhabilitation établi par celui-ci. La réalisation de cette étude pouvant s'avérer relativement longue, une promesse de bail est subordonnée à la conclusion d'une convention APL passée entre l'Etat et l'organisme concerné (2).

Bien évidemment, le contrat de bail peut prévoir, entre le retour au bailleur des immeubles réhabilités, en fin de contrat, le versement d'un loyer périodique ; mais en pratique, le montant de celui-ci sera généralement très faible, eu égard aux autres obligations qui pèsent sur le preneur.

Il semble ainsi plus important que le bailleur s'entende très précisément avec son locataire sur le contenu des travaux à réaliser par celui-ci. Certes, le Code de construction (art. L252-1) exige que le contrat stipule la nature de ces travaux, leurs caractéristiques techniques et leur délai d'exécution. Il est cependant indispensable de procéder à des devis descriptifs, d'établir des plans qui comporteront notamment les normes, le genre et la qualité des matériaux à utiliser.

Pour inciter les propriétaires privés à contracter par bail à réhabilitation, le législateur a imposé aux organismes de logement social de faire retour aux bailleurs d'immeubles libres d'occupation, pour leur permettre de retrouver la pleine disposition de leurs biens au terme du contrat. Mais d'autres solutions sont évidemment envisageables. Ainsi, six mois avant la date d'expiration, le bailleur peut proposer aux occupants en place un contrat de location qui prendra effet à cette date (art. l252-4 COH). Ce maintien dans les lieux des locataires de preneur, au terme du bail à réhabilitation, a généralement la préférence des organismes de logements sociaux que l'obligation de rendre les locaux libres met parfois dans une situation difficile. Il importe toutefois d'évoquer cette question dès la signature du bail : le propriétaire pourra par exemple exiger d'intervenir aux actes de location passés entre le preneur et ses locataires.

La signature des baux à réhabilitation s'accompagne enfin assez souvent de la conclusion d'une promesse d'achat des locaux au bailleur. Cette promesse est susceptible de répondre à un objectif patrimonial exprimé par le propriétaire mais elle constitue aussi une précaution utile lorsque le bail stipule que les locaux devront être rendus libres d'occupation : dans ce cas, le bailleur fera préciser dans le contrat que si cette obligation ne peut être satisfaite, le preneur devra lui racheter l'immeuble en exécution de la promesse d'achat. Il est souhaitable que celle-ci soit prévue pour une durée au moins équivalente à celle du bail, ou mieux, qu'elle s'étende au-delà.

> Conserver ou transmettre un patrimoine immobilier

De la mise en place d'un bail à réhabilitation, le propriétaire d'un immeuble vétuste peut tirer plusieurs avantages.

Ce bail lui permet de faire réaliser, sous l'égide d'un professionnel, les travaux nécessaires à la remise en état de son bien, et notamment à sa relocation lorsque l'immeuble est vacant, sans avoir à prendre en charge cette réhabilitation aux plans matériel et financier. De surcroît, le bailleur est normalement assuré que ses locaux lui reviendront au terme du contrat en bon état d'entretien, cette obligation étant imposée au preneur par le Code de la Construction et de l'habitation (art. L -252-1).

Certes la durée du bail - 12 ans au minimum - risque de dissuader les propriétaires préoccupés de valorisation à court terme. Mais la rénovation peut utilement être envisagée dans une perspective successorale : restauré, le patrimoine immobilier du défunt bénéficiera sans doute d'une considération accrue de la part de ses ayants droit qui percevront mieux l'intérêt de la conserver au sein de la famille ; la rénovation peut également être l'occasion de redistribuer l'immeuble et d'allotir ainsi les héritiers au moyen de lots distincts, en palliant les inconvénients de l'indivision.

Le bail de réhabilitation offre des vertus comparables en cas de démembrement successoral, lorsque par exemple l'usufruit de l'immeuble revient au conjoint survivant et sa nue-propriété aux descendants. Car le démembrement de propriété est souvent souci de difficultés lorsqu'il porte sur des biens immobiliers : à l'exception des dépenses d'entretien qui incombent indiscutablement à l'usufruitier, les travaux plus importants risquent de n'être pris en charge par aucun des titulaires de droits démembrés (3). Ce bail à réhabilitation permet d'éviter ces problèmes : s'il s'assortit du paiement d'un loyer même minime, celui-ci reviendra à l'usufruitier, leur assurant ainsi un revenu sans souci locatif ; pour sa part, le nu-propriétaire bénéficie de la valorisation du patrimoine immobilier, sans frais à engager.

Au moment de la transmission, la valeur vénale du bien donné à bail pourra, à l'instar de tout immeuble occupé, être calculée moyennant l'application d'une décote par rapport à la situation d'un bien libre. Cet avantage fiscal est cependant l'un des seuls offerts par le bail à réhabilitation, dont le régime d'imposition est en règle générale, peu attractif.

> Un traitement fiscal pénalisant

L'imposition supportée par le propriétaire bailleur risque de le dissuader de conclure un bail à réhabilitation.

Certes, en cours de contrat sa situation reste relativement favorable : il est assujetti, en tant que personne physique et au titre du loyer éventuellement perçu, à l'impôt sur le revenu dans la catégorie des revenus fonciers, selon les modalités habituelles. Mais l'immeuble figurant dans son patrimoine, il est susceptible d'être redevable de l'Isf sur ce bien : celui-ci doit alors être déclaré pour sa valeur vénale, en tenant cependant compte de son état avant les travaux d'amélioration réalisés par le preneur, ce qui est de nature à réduire largement son assiette imposable. Enfin, pendant toute la durée du bail, le propriétaire est exonéré de la taxe foncière, ce qui peut représenter une économie d'impôt non négligeable sur douze années (au moins).

Mais c'est en fin de bail que l'impôt dû par le bailleur risque d'être prohibitif : au moment du retour des locaux dans son patrimoine, les travaux qui ont été réalisés par le preneur constituent pour le propriétaire (personne physique) un avantage en nature, imposable dans la catégorie des revenus fonciers et égal au prix de revient des travaux.

Or si les améliorations visées sont définies par le Code de la Construction et de l'Habitation, comme les travaux de mise en conformité, ces travaux peuvent s'analyser de manière très différente au plan fiscal. S'ils ont réellement la nature de dépenses d'amélioration au sens de la législation sur les revenus fonciers (4), le bailleur ajoutera leur prix de revient aux loyers de l'année au cours de laquelle intervient le terme normal du bail mais parallèlement, il déduira ces mêmes sommes au titre des dépenses d'amélioration déductibles. Puisque la compensation est totale entre ces deux flux, le bailleur n'est pas tenu de les mentionner dans sa déclaration, dans l'hypothèse par exemple où il ne peut en chiffrer exactement le montant. En pratique, il a pourtant intérêt à le faire car en s'abstenant de déclarer une partie de ses recettes, il réduit concomitamment l'assiette de la déduction forfaitaire au taux de 13 % !

En revanche, lorsque les travaux réalisés ont le caractère de dépenses de construction, de reconstruction ou d'agrandissement - ce qui est généralement le cas des travaux de réhabilitation - leur prix de revient doit être ajouté aux recettes du bailleur, sans déduction possible (5) !

Or le coût de l'impôt dû au titre des travaux réalisés risque de mettre le propriétaire dans l'obligation de revendre son bien pour faire face au montant de cette imposition, réduisant ainsi à néant son objectif patrimonial de transmission familiale. C'est ici que le bail à construction peut apporter une solution intéressante.

> Une solution alternative : le bail à construction

En concluant un bail à construction, le preneur s'engage à édifier des bâtiments sur le terrain du bailleur et à les conserver en bon état d'entretien, ce, pendant toute la durée du bail : si celle-ci est au minimum de 18 ans (6) , elle est en pratique calquée sur le temps d'amortissement des constructions.

A l'inverse du bail à réhabilitation, celui-ci peut être prévu pour la construction de tout type d'immeuble et il n'est pas réservé à certaines catégories de preneurs.

Outre la remise au bailleur, en fin de contrat, des biens construits, les parties peuvent prévoir le versement d'un loyer périodique, payable en numéraire ou en nature : il est par exemple impossible de stipuler que le bailleur recevra, de manière échelonnée, des lots dépendants de l'immeuble édifié par le preneur, ou encore la nue-propriété de ces biens - solution éventuellement attractive lorsque le preneur est âgé ou quand le bail est conclu pour une très longue durée.

Mais le bail à construction offre encore d'autres possibilités qui par leur diversité pourront permettre à un propriétaire de réaliser des objectifs personnalisés : les contractants peuvent ainsi prévoir que le preneur fera l'acquisition des terrains et des constructions à la fin du bail, ou que seule une partie des immeubles reviendra au bailleur, ou encore que ceux-ci seront édifiés conjointement par les signataires du contrat ...

Enfin, si le preneur est normalement tenu au paiement de toutes les charges et taxes afférentes non seulement aux constructions mais également au terrain, sur toute la durée du bail, les parties peuvent cependant convenir de se répartir ces charges.

Au plan fiscal, les loyers - payés en numéraire ou en nature - sont imposés au niveau du bailleur personne physique dans la catégorie des revenus fonciers.

Si - comme c'est en général le cas - les constructions reviennent au bailleur sans indemnité, en fin de bail, celles-ci sont assimilées à un revenu mais dont l'imposition est limitée par trois dispositifs : ce revenu est taxable, non sur la base de la valeur vénale des constructions, mais de leur prix de revient ; l'opération est donc intéressante lorsque les bâtiments sont susceptibles de se valoriser fortement sur la durée du bail.

La remise des constructions ne subit cependant aucune imposition quand le bail a une durée d'au moins 30 ans. Lorsque cette durée est comprise entre 18 et 30 ans, l'impôt n'est dû que sur une case réduite qui est déterminée de la façon suivante :

Revenu brut foncier (i.e. prix de revient des constructions) - [8 % x (durée du bail, exprimée en nombre d'années - 18]

Enfin l'imposition ainsi calculée peut être étalée sur 15 ans.

Par conséquent, le propriétaire qui envisage la réalisation de travaux de grande envergure, non déductibles de ses revenus fonciers, a intérêt à comparer les avantages respectifs des baux à réhabilitation et à construction : si l'imposition due en fin de contrat au titre du premier s'annonce très élevée, le bail à construction pourra lui être préféré lorsque la durée de 18 ans n'est pas incompatible avec les objectifs du propriétaire bailleur ; mais en cas de résiliation anticipée, les avantages fiscaux précités seront refusés au contribuable...

Toutefois les attraits du bail à construction risquent d'être réduits à néant dans l'hypothèse où le propriétaire revend, au terme du contrat ou même quelques années après, les immeubles édifiés par le preneur. Le régime des plus-values, précisé par plusieurs réponses ministérielles (7) et une instruction du 26/02/1993 est en effet le suivant : le prix d'acquisition de la construction est par définition nul ; la durée de détention à retenir est calculée à partir de la date d'expiration du bail ; (cette solution est logique car c'est la date à laquelle le propriétaire prend possession de la nouvelle construction) (8).

Cette taxation risque donc de se révéler bien onéreuse ; elle s'analyse surtout comme une double imposition puisque l'immeuble est déjà taxé en tant que revenu foncier puis de nouveau, au moment de la revente. Ainsi, comme l'ont judicieusement souligné certains notaires (9), le propriétaire bailleur doit, pour échapper à toute imposition dans les circonstances précitées, attendre 52 ans : 30 ans pour échapper à la fiscalité sur les revenus fonciers et 22 ans pour être exonéré de la plus-value sur les constructions.

Ces handicaps ne doivent cependant pas faire écarter la solution du bail à construction : la volonté de conserver les nouveaux immeubles ou de les transmettre à ses proches évitera les inconvénients précités. Et si la possibilité d'une revente à brève échéance ne peut être exclue, la constitution d'une SCI pour y loger les terrains qui seront donnés à bail doit être étudiée : la revente des parts de la société, préférée à la cession des immeubles est alors susceptible de réduire sensiblement l'impact des plus-values.

De leur côté, les chefs d'entreprises ne manqueront pas de souligner les autres vertus de cette combinaison patrimoniale, pour isoler notamment des actifs immobiliers tout en les valorisant.

(1) Loi n° 80-449 du 31 mai 1990, art. 11

(2) Cette convention impose à l'organisme de logement social de réserver un certain pourcentage de logements aux personnes et familles prioritaires désignées par le Commissaire de la République. Elle fixe également le montant du loyer maximum qui pourra être pratiqué.

(3) Il faut notamment rappeler qu'en cas de destruction même partielle d'un immeuble, ni l'usufruitier, ni le nu-propriétaire ne sont tenus de

reconstruire. De son côté, l'usufruitier ne peut prétendre à aucune indemnité au titre des améliorations qu'il peut apporter à l'immeuble.

(4) Cf CGI, art. 31

(5) Cf loi de Finances rectificative pour 1990, art. 39-I et instruction du 29/04/199

(6) CCH, art. L251-1

(7) Cf notamment réponse ministérielle Charlcs, J.O.Ass. nat., 18/10/1993

(8) De son côté, la plus-value sur le terrain est calculée dans les conditions habituelles.

(9) V. notamment Alain DELFOSSE, Délégué à l'Institut notarial de droit des affaires, «Réhabilitation : le piège des plus-values », JCP, 1994, ed. N, n° 27, p. 247

27 Peut-on investir dans l'immobilier à coup sûr ?

Loyers impayés, locaux dégradés, loyers en baisse... c'est la longue litanie de tous ceux, nombreux, qui se détournent de l'investissement immobilier.

Ou refusent désormais de s'y intéresser. Pourtant le placement pierre reste une valeur sûre. A condition d'avoir un locataire idéal. Ou de mettre en place des parades.

Trop souvent, les propriétaires s'estiment mal protégés par la loi. «Mon locataire ne me paye plus de loyers depuis deux ans, rapporte ce cadre parisien qui pensait faire une bonne opération en investissant dans l'achat d'un trois-pièces à usage locatif. Je fais procès sur procès et je n'arrive pas à le mettre dehors sous prétexte qu'il est au chômage et qu'il a deux enfants en bas âge ! Et je ne pourrai même pas revendre mon bien à sa valeur du marché puisqu'il est occupé ! Un comble...» Bref, il se sent piégé. Et jure qu'on ne l'y reprendra plus, alors même que l'amortissement Périssol lui paraît extrêmement tentant. Aujourd'hui son choix est fait : il va s'orienter vers l'assurance vie. Sans souci.

Il faut dire que le droit de la location des locaux à usage d'habitation ou de locaux mixtes se divise en de nombreux régimes différents pour des raisons à la fois historiques, économiques et sociales. Le droit commun, lui, est considéré comme celui qui régit les locations qui ne sont pas visées dans un régime particulier, tel, par exemple, la loi de 48 ou le loyer HLM. Dernier texte en date visant le droit commun, la loi de 1989. Elle prévoit un dispositif de fixation des loyers identique à celui pratiqué dans le voisinage. En revanche, il subsiste un désaccord sur la question de l'évolution des loyers en région parisienne.

La loi de 1989 donne, en effet, la possibilité au gouvernement de limiter par décret, les augmentations de loyers des logements vacants et des contrats renouvelés dans les zones géographiques où existe une certaine tension sur le marché, comme à Paris. Aussi, depuis 1989, tous les ans, le gouvernement encadre les loyers sur la région Ile-de-France. Mais les propriétaires trouvent que cette mesure n'est plus justifiée depuis quatre ans dans la mesure où il y a un retournement de la conjoncture. La Fédération nationale de l'immobilier (Fnaim) voit d'ailleurs dans cette reconduction «un signe de défiance et un encouragement à désinvestir».

> Le blocage des loyers

Toutefois, le décret publié en août 1996 précise que lors du renouvellement du contrat en fin de bail, l'augmentation du loyer est limitée à la variation de la moyenne de l'indice Insee du coût de la construction sur quatre trimestres. Cette hausse peut toutefois être supérieure si le loyer est manifestement sous-évalué par rapport à ceux constatés dans le voisinage. Mais le propriétaire doit saisir le locataire six mois à l'avance et fournir six références de loyers de logements comparables. Et si le logement fait l'objet de travaux d'amélioration d'un montant au moins égal à un an de loyer, l'augmentation peut alors atteindre 10 % du coût des travaux effectués. En l'absence d'accord sur l'augmentation du loyer quatre mois avant la fin du bail, la commission départementale de conciliation doit être saisie : elle a deux mois pour se prononcer. Si le désaccord persiste, le propriétaire peut avoir recours au Tribunal d'instance. S'il ne le fait pas, le bail est reconduit tacitement. Ce décret, le cinquième depuis 1989, a quand même été modifié cette année. Plus souple, il ne s'applique qu'aux renouvellements de baux.

Autrement dit, il ne fixe plus le montant d'évolution des loyers sur les premières locations ou les logements vacants. Les propriétaires qui le qualifient quand même de “blocage des loyers”, estiment que les prix en région parisienne augmentent désormais moins vite que l'inflation et que les loyers des autres agglomérations. Ils seraient même à la baisse à Paris. En effet, selon l'Observatoire national du marché locatif, le loyer mensuel moyen pratiqué en 1995 à Paris était de 92 francs au m2, de 70 francs en moyenne en banlieue et de 45 francs dans les grandes villes de province. L'an passé, les hausses de loyers pour ces trois zones géographiques accusaient respectivement des évolutions de - 2 %, + 1 % et + 1,8 %. Le gouvernement, quant à lui, indique que ce décret vise à “préserver l'équilibre entre propriétaires et locataires qu'ont permis les lois Quilliot, puis Méhaignerie, et à éviter de rallumer la guerre” entre les deux parties.

> Peut-on se protéger ?

«Du point de vue du bailleur, la loi reste tout de même assez contraignante», note Isabelle Couetoux Dutertre. En effet, un propriétaire ne peut pas donner congé à son locataire en cours de bail. Il ne peut mettre fin au contrat de manière anticipée que lorsque le locataire n'exécute pas ses obligations. Il peut, en revanche, reprendre le logement qu'il a loué à la fin du bail, mais à l'une ou l'autre des conditions suivantes :

- pour l'occuper,
- pour loger un ascendant ou un descendant,
- pour le vendre,
- ou pour un motif légitime, par exemple pour cause d'impayés.

Pour ce qui concerne ce dernier point, il n'y a pas d'assurance obligatoire (voir encadré page 228), mais facultative. Et donc relativement chère. De fait, elle n'enthousiasme pas trop les bailleurs, car les conditions sont jugées souvent peu attractives. «Même si la majorité des propriétaires ont besoin d'être sécurisés dans leur investissement immobilier et cherchent absolument à se protéger, ils ne comprennent pas toujours la nécessité d'avoir une garantie contre les loyers impayés», explique Yany Valette, responsable des assurances à la Fnaim, qui a lancé en 1981 sa propre garantie des loyers. Celle-ci couvre les loyers impayés pendant 24 mois, les détériorations immobilières - appréciées des propriétaires - et le contentieux nécessaire, c'est-à-dire honoraires d'avocat, frais de recouvrement... Son atout : elle est déductible des revenus fonciers des propriétaires, sous réserve cependant qu'il ne figure pas dans le contrat une autre assurance complémentaire.

Combien coûte-t-elle ? Environ 2 % du montant des loyers annuels. Elle est proposée par l'administrateur de biens au propriétaire, en plus de ses honoraires, en complément du mandat de gestion. «Créée en 1981, notre garantie est toujours au goût du jour, précise Yany Valette. Elle a beaucoup de succès auprès des propriétaires qui l'on souscrite et toutes les compagnies d'assurance s'en sont inspirées».

> Les risques locatifs

Au-delà des affirmations de la Fnaim, la plupart des bailleurs préfèrent toutefois ne pas dépenser de l'argent pour une assurance, jugeant déjà trop faible la rentabilité de leur investissement. En pratique, ils vérifient simplement que le loyer ne dépasse pas 25 % à 30 % du salaire du locataire et ils demandent en général aux locataires de leur fournir une caution qui est en général un parent... fonctionnaire de préférence. Pour éviter que la caution ne s'engage à la légère, la loi a prévu plusieurs dispositions. La personne qui cautionne doit, par exemple, écrire de sa main d'une part le montant du loyer, d'autre part, une phrase indiquant qu'elle a pleinement connaissance de l'étendue de son engage ment.

Quant à la responsabilité de l'agent immobilier, elle est très claire à ce sujet : il est condamné par la jurisprudence s'il ne présente pas un locataire solvable.

Pour mieux se protéger, le propriétaire a également tout intérêt à faire figurer dans le contrat de location la clause de résolution de plein droit. Celle-ci prévoit que le bail sera résolu de plein droit dans quatre cas : en cas de non paiement du loyer, des charges ou du dépôt de garantie et de défaut d'assurance des risques locatifs.

Il faut aussi signaler que l'augmentation de loyer n'a aucun caractère automatique. Le bailleur doit inclure systématiquement dans le contrat une clause prévoyant la révision annuelle du montant du loyer.

> Assurance contre les impayés, mode d'emploi

Comme beaucoup de compagnies, Abeille Assurances propose la garantie Loyers impayés. Le contrat peut être souscrit par tous les particuliers propriétaires de biens immobiliers, régisseurs ou administrateurs de biens qui possèdent ou ont en gestion des studios, appartements, pavillons ou villas, loués non meublés.

La garantie porte donc sur le paiement des loyers non réglés par les locataires mais couvre également les frais de procédure en cas de saisie.

Il s'agit d'une avance sur recours puisque la compagnie commence par indemniser le propriétaire et se retourne ensuite vers le locataire. C'est-à-dire que l'assurance n'attend pas la fin de la procédure pour rembourser le propriétaire.

Le plafond de cette garantie est égal au montant annuel du loyer. La franchise atteint 15 % de l'indemnité avec un minimum égal à un mois de loyer. Elle n'est pas appliquée si la compagnie, après recours, récupère auprès du locataire la totalité des loyers dus. Le réglement par l'assurance a lieu au cours des deux mois qui suivent le commandement fait par ministère d'huissier, donc après que le Tribunal d'instance ait été saisi. Quant au prix, il est de 4 % du montant annuel des loyers d'un appartement ou d'un pavillon et atteint 4,80 % pour un studio car les risques sont plus importants. A cela, il faut ajouter les frais de dossier ou coût de police : 100 francs, ainsi que la taxe d'assurance égale à 9 % du prix de la cotisation.

Exemple : Pour un loyer mensuel de 5 000 francs charges incluses, soit 60 000 francs par an, le propriétaire va verser une cotisation d'assurance de 2 400 F (4 %, le prix de la garantie), + 100 francs de coût de police, + 225 F de taxe d'assurance, soit en tout 2 725 francs. C'est-à-dire 227 francs par mois ou encore 5 % du prix du loyer hors charges à supposer qu'il soit, dans le cas présent, de 4 500 francs par mois.

Attention toutefois : le contrat n'est accepté par la compagnie qu'à une double condition. Le rapport loyer/salaire du locataire doit être inférieur dans tous les cas à un quart de son salaire brut. Et il doit avoir plus d'un an d'ancienneté dans l'entreprise dans laquelle il travaille, en emploi fixe et non temporaire.

28 Taux variable ou fixe, prêts in fine... quels crédits choisir ?

Outre les acheteurs susceptibles de payer un bien immobilier comptant, le crédit, stimulé par de bonnes mesures fiscales, devrait être un élément important dans la stratégie du placement. Cependant, il est souhaitable de choisir son crédit en fonction de l'opération immobilière à réaliser.

Les professionnels s'obstinent à le dire : jamais sans doute le moment est apparu plus propice pour réaliser une opération immobilière. La baisse des taux d'intérêt conjugée à celle des prix immobiliers donnent naissance à de bien belles opportunités. Le tout est de savoir encore quel type de prêt choisir.

> Le prêt bancaire

L'emprunteur doit faire jouer la concurrence entre les banques et comparer les prêts, car plusieurs éléments rentrent en compte comme les coûts du crédit et les taux d'intérêts, mais aussi les frais de dossier, la durée d'assurance ou encore les indemnités de remboursement anticipé.

Plus le montant du prêt est important, plus la négociation avec la banque est facile. L'emprunteur a toutefois le choix entre deux options :

● Le montant des intérêt du prêt à taux fixe est en principe identique pendant toute la durée de remboursement. Le prêt à taux variable peut évoluer à la hausse ou à la baisse, en fonction d'un indice inscrit dans le contrat. (Un plafond ou un plancher limite éventuellement les possibilités de variations du taux).

● Le prêt à taux variable offre deux possibilités de remboursement : à annuités constantes, c'est-à-dire pendant toute la durée, les mensualités seront constantes. C'est la solution la plus sûre, si l'emprunteur ne prévoit pas d'augmentation importante de ses ressources. L'annuité progressive représente, en revanche, des charges légères au départ, qui s'accroîtront chaque année. Cette formule peut convenir à ceux qui ont l'assurance d'une amélioration future de leurs ressources, mais elle peut être lourde dans le cas contraire.

En guise de garanties, l'établissement créditeur demande en générale soit une hypothèque, elle lui permettra à défaut de paiement de vendre le bien, soit la caution d'un organisme agréé par lui ou celle d'un tiers. L'emprunteur doit également souscrire une assurance obligatoire, destinée à le couvrir en cas de décès ou d'incapacité de travail. Il a le choix entre plusieurs formules. Il peut aussi rembourser par anticipation une partie ou la totalité du prêt, dans certains cas limités par la loi : le contrat prévoit alors des indemnités. En cas de vente du bien, le prêt peut être repris par l'acheteur sous réserve que la banque soit d'accord, remboursé par anticipation - l'établissement demande en plus du capital et des intérêts restant dus, des indemnités- ou transféré sur une nouvelle acquisition. Enfin selon les statistiques de l'ANIL, l'Association nationale pour l'information sur le logement, les conditions des prêts à taux fixes oscillent entre 6,90 % et 8 %. L'indicateur des taux variables reste plus attrayant, puisque les plus avantageux peuvent commencer à 5,50 %. Mais il faut être vigilant, car de plus en plus d'établissements de crédits présentent des chiffres “accrocheurs”. Pour les taux fixes, elle est presque de l'ordre d'un quart de point et peut atteindre 0,40 % pour les barèmes à taux variables. Le candidat doit donc comparer attentivement les différentes formules.

> Le crédit *in fine*

Partant du principe que plus on paie d'intérêts d'emprunt, plus le gain fiscal peut être important, certaines banques proposent de plus en plus d'utiliser la formule du crédit *in fine*. L'idée de ce crédit consiste à rembourser, chaque année, pendant toute la durée du prêt, uniquement les intérêts, qui peuvent être entièrement déductibles. Le client ne paye le capital, qu'à la fin du crédit. Il faut donc qu'il soit sûr d'être en mesure de verser la totalité de la somme à la fin du prêt sans être obligé de revendre le bien. Ce genre de crédit s'adresse surtout aux professionnels de l'immobilier et aux personnes fortement imposées, qui veulent faire de la défiscalisation. Pour que l'opération soit intéressante, il faut qu'elle soit doublée par un contrat d'assurance vie, qui sécurisera l'opération et cumulera les avantages fiscaux. Toutefois le client doit disposer de grosses liquidités car il doit verser une somme considérable au départ, équivalente à la moitié ou au tiers du coût de l'opération.

> Le prêt à taux zéro

Il s'agit d'un un prêt complémentaire, aidé par l'état, remboursé sans intérêt, comme son nom l'indique, sur une durée plus ou moins longue suivant le niveau de revenu de l'emprunteur. Son montant est limité à 20 % du coût de l'opération et plafonné en fonction de la région et du nombre des occupants. Le prêt à taux zéro vient en complément d'autres prêts et ne peut dépasser 50 % du montant du financement. Il concerne le neuf ou l'ancien, sous réserve que les travaux représentent au moins 35 % du coût total de l'opération, soit près de 54 % du prix de l'acquisition. Pour les opérations faisant l'objet d'une offre de prêt émise entre janvier et décembre 1996, la quotité minimale des travaux est ramenée à 20 % du coût total du projet, soit 25 % du prix de l'acquisition.

> Le Plan d'Épargne Logement (PEL)

Accordé après une phase d'épargne sur un livret ou un plan d'épargne logement, il reste de loin le plus intéressant.

Le PEL bénéficie d'une grande souplesse. Son principal avantage : il offre un placement sans impôt à un taux non négligeable et surtout, après la phase épargne, un crédit à des conditions défiant toute concurrence (5,54 % pour les PEL ouverts avant le 23 janvier 1997, 4,80 % à partir de cette date). Les réformes de 1994 et 1997, bien qu'elles diminuent le taux de rémunération de l'épargne, augmentent les avantages du PEL pour celui qui l'envisage dans l'optique du recours à un emprunt, parce qu'elle permet d'emprunter plus à un taux moindre pour une moins grande quantité d'épargne immobilisée.

Les conditions d'un PEL sont très simples : versement minimum de 1 500 francs à l'ouverture du plan et de 300 francs pendant toute la durée de la phase d'épargne. Toutefois, le total des versements ne doit pas dépasser 400 000 francs. La durée normale de 4 ans, peut être prolongée jusqu'à une durée maximale de 10 ans. La prime est plafonnée à 10 000 francs. Enfin, le montant du prêt est variable en fonction des intérêts acquis pendant la période d'épargne. Il est calculé de telle façon que ses intérêts ne dépassent pas deux fois et demie le montant des droits à prêts disponibles. Dans ces limites, le montant peut atteindre 600 000 francs sur une durée de 2 à 15 ans. Le PEL peut intervenir en complément d'un prêt principal et peut financer plusieurs types d'opérations immobilières.

29

Taxe d'habitation, comment payer moins ?

Les contribuables qui devront s'acquitter du paiement de la taxe d'habitation en novembre ou en décembre ne bénéficieront en 1997 d'aucun nouvel allègement. Toutefois les textes en vigueur prévoient des abattements, des exonérations, des dégrèvements et un système de plafonnement. Voilà qui mérite que l'on y regarde à deux fois !

Depuis le début des années 80, le niveau des impôts locaux est en progression régulière et, de tous les impôts directs, la taxe d'habitation est celui qui touche le plus grand nombre de contribuables. Elle concerne, en effet, toute personne qui occupe (en tant que propriétaire, locataire, ou même à titre gratuit) un logement pourvu d'un mobilier suffisant pour y vivre, que ce logement constitue ou non sa résidence principale. Les dépendances - notamment les garages - sont également assujetties à la taxe d'habitation même si elles ne sont pas contiguës au local. Toutefois, à titre de règle pratique, l'administration admet que ces dépendances ne sont pas imposables, en tout état de cause, lorsque leur distance avec le logement excède un kilomètre.

Simple dans son principe, la taxe d'habitation l'est cependant beaucoup moins dans ses modalités : ses bases de calcul sont complexes, et les possibilités de dégrèvements, nombreuses. Le redevable a donc intérêt à en bien connaître les arcanes pour diminuer - ou à tout le moins contrôler - le niveau de son imposition.

> Les bases de calcul de la taxe

Le montant de la taxe d'habitation s'obtient par application d'un taux à une assiette : un taux en réalité composite car fixé par chaque collectivité territoriale lors du vote de son budget annuel, et complété par un prélèvement en faveur de l'Etat lorsque le local imposé a une valeur locative excédant 30 000 F. L'assiette de la taxe, elle, est constituée par la valeur locative brute du logement, diminuée de certains abattements recensés (voir encadré). Cette valeur de référence appelle quelques commentaires : il s'agit de la valeur locative cadastrale utilisée également pour l'établissement de la taxe foncière sur les propriétés bâties (mais sans les limitations propres à cette taxe) ; elle est censée correspondre au loyer qu'un propriétaire pourrait tirer de son bien s'il le louait aux conditions du marché. Elle prend ainsi en compte, outre la superficie effective du logement, sa qualité - les biens sont classés en 8 catégories selon leur niveau de confort présumé - et ses aménagements, au moyen de cœfficients de pondération.

Pourtant, la valeur locative cadastrale livre une image de plus en plus éloignée de la réalité. En effet, la dernière révision des valeurs remonte à plus de vingt-cinq ans ; sans doute ont-elles été réévaluées en 1990, mais les nouvelles valeurs ne devraient pas être applicables avant 1997. La révision aboutira d'ailleurs à une sensible revalorisation des logements qui sans une modification corrélative du calcul de la taxe risque de pénaliser une majorité de contribuables ! Cette réforme aura néanmoins le mérite de corriger certaines aberrations actuelles en modifiant le classement des logements par catégorie : aujourd'hui, la moitié des HLM sont considérés comme "assez confortables" par l'administration alors que les deux tiers des autres logements sont classés dans une catégorie inférieure. Dans l'attente de la révision annoncée, les valeurs locatives cadastrales sont ajustées forfaitairement chaque année : pour l'établissement de la taxe d'habitation de 1996, elles sont majorées de 1 % par rapport à 1995. Ce pourcentage de progression avait été de 2 % en 1995 et de 3 % en 1994.

> Des possibilités d'exonération trop nombreuses ?

Dans un souci de justice sociale, le montant de la taxe d'habitation est modulé en fonction de la situation familiale et financière du contribuable. Mais les nombreuses règles qui ont été progressivement instaurées nuisent à la clarté de cette imposition. C'est ainsi que parmi les possibilités d'exonération offertes, on notera que :

- sont exemptés du paiement de la taxe les étudiants qui logent en résidence ou en cité universitaire (alors qu'ils sont normalement imposables s'ils habitent en HLM) ;
- les pensionnaires de maisons de retraite gérées sans but lucratif (l'administration instaure cette exonération en considération des restrictions apportées au libre usage du logement par la réglementation de ces établissements) ;

● les personnes reconnues indigentes par la Commission communale des impôts directs.

Cinq autres exonérations ne concernent que les biens à usage d'habitation principale occupés par les catégories de personnes suivantes :

● les titulaires de certaines allocations dites de solidarité (1) ;

● les personnes dont l'invalidité ou l'infirmité les empêchent de subvenir par leur travail aux nécessités de l'existence ;

● celles âgées de plus de 60 ans ainsi que les veufs et veuves, quel que soit leur âge ;

● les titulaires de l'allocation aux adultes handicapés ou du RMI.

Mais dans chacune de ces situations, l'exonération de taxe n'est accordée qu'aux foyers non assujettis à l'impôt sur le revenu (au titre de l'année précédant celle prise en compte pour le paiement de la taxe d'habitation) (2).

Les autres contribuables peuvent jouir de dégrèvements plus ou moins importants :

● sont ainsi libérés du paiement de la taxe d'habitation pour la fraction qui excède un seuil revalorisé chaque année (1 951 F en 1996) les particuliers non imposés à l'IRPP au titre de l'année précédant celle de l'imposition à la taxe d'habitation. Le dégrèvement est réduit de moitié (il est égal à 50 % de la fraction susvisée) pour les personnes dont la cotisation d'impôt sur le revenu au titre de 1995 n'a pas excédé 1 782 F.

Enfin, un système de plafonnement a été instauré en faveur des redevables de la taxe, non concernés par les mesures précédentes ; le montant de leur cotisation est limité à 3,4 % de leur revenu à la double condition suivante :

● le dégrèvement résultant du plafonnement ne peut excéder 50 % du montant de la taxe supérieure à 1 951 F en 1996 ;

● le plafonnement est réservé aux contribuables dont l'impôt sur le revenu n'excède pas un certain seuil. Celui-ci était fixé à 16 937 F en 1994. Mais sans doute parce que le système du plafonnement a bénéficié à plus de 3 millions de redevables en 1995, la loi de Finances pour 1996 a réduit ce seuil à 13 300 F...

> Une imposition difficile à optimiser

Lorsqu'on observe que le contribuable français acquitte en moyenne un peu moins de 1 100 F de taxe d'habitation par an et que l'essentiel des mesures d'exonération et de dégrèvement concernent les personnes de condition modeste, on comprend que les conseillers financiers n'accordent pas, en règle générale, beaucoup d'attention aux moyens d'optimiser le paiement de cet impôt.

Pourtant, la connaissance des quelques règles suivantes peut s'avérer bien utile :

● La taxe d'habitation est déterminée selon le principe de l'annualité, c'est-à-dire qu'elle est établie pour une année entière, au nom de la personne qui dispose du logement au 1er janvier et ce quels que soient les changements intervenant au cours de l'année : déménagement, évolution de la composition de la cellule familiale... Ainsi par exemple, le locataire qui déménage en décembre aura intérêt, dans la mesure du possible, à conclure un nouveau bail (au titre de son futur logement) stipulant une prise d'effet postérieure au 1er janvier : cette précaution lui permettra d'économiser un an de taxe d'habitation.

● De son côté, le propriétaire-occupant d'un local qui souhaite mettre celui-ci en vente veillera à déménager ses meubles et à résilier les abonnements souscrits au titre de ce local (eau, gaz, électricité et téléphone) avant le 1er janvier qui suit son départ, afin que le logement soit considéré comme vacant et donc exonéré de la taxe. En revanche, les propriétaires bailleurs peuvent être tenus de régler la taxe d'habitation due par les locataires lorsque ceux-ci ont quitté les lieux sans s'être acquitté de cette obligation. En effet, l'article 1686 du Code Général des Impôts impose au bailleur de se faire présenter par le locataire, un mois avant la date prévue pour son déménagement, la quittance de sa taxe d'habitation. A défaut, le bailleur doit, pour dégager sa responsabilité, donner avis du déménagement de son locataire au comptable du Trésor, dans un délai fixé au maximum à 3 mois en cas de déménagement furtif.

D'autres précautions concernent les propriétaires de logements loués en meublé :

● Normalement, ceux-ci ne sont pas redevables de la taxe d'habitation. En revanche, ils y sont assujettis lorsque ces locaux constituent leur habitation personnelle ou en font partie. Or l'administration considère comme personnel, le logement que le propriétaire ou sa famille occupe à titre de résidence principale ou secondaire, en dehors des périodes de location. Ainsi, le propriétaire d'un studio donné en location meublée saisonnière par l'intermédiaire d'une agence et sur la base d'un contrat qui lui réservait la possibilité d'occuper lui-même le bien à certaines périodes a été jugé redevable de la taxe d'habitation alors même qu'il n'avait pas séjourné dans le studio (3). Et bien sûr, en tant que loueur en meublé, le propriétaire s'est trouvé assujetti au paiement de la taxe professionnelle...

● La majorité des contribuables continuent de s'acquitter aujourd'hui du paiement de la taxe d'habitation (et le cas échéant de la taxe foncière) en fin d'année. Il est cependant possible d'opter pour deux autres formules de paiement :

● Les personnes qui ont acquitté plus de 750 F de taxe d'habitation au titre d'une année peuvent, l'année suivante, régler le montant de la nouvelle cotisation sous forme de deux acomptes (respectivement avant le 30 mars et le 31 juillet de l'année d'imposition et égal chacun au tiers de la taxe due au titre de l'exercice précédent) ; le solde est acquitté dans les conditions habituelles.

● Il est également possible d'opter pour un système de paiement par prélèvements mensuels, analogue à celui prévu pour l'impôt sur le revenu.

En vérité, le gain de trésorerie résultant d'une modification du rythme de paiement de la taxe est limité par rapport à la même possibilité offerte en matière d'impôt sur le revenu. Mais l'option pour le paiement mensuel a le mérite de libérer le redevable de toute formalité matérielle de règlement ; elle peut notamment être indiquée aux personnes qui ont déjà retenu la même option à l'égard de l'IRPP.

Toujours est-il qu'en accordant un minimum d'attention aux modalités de recouvrement de ses impôts locaux, le contribuable peut donc réaliser une économie fiscale, non négligeable sur plusieurs années. Il n'en est pas moins souhaitable que la prochaine réforme des valeurs locatives s'accompagne d'une simplification des règles qui régissent la taxe d'habitation.

(1) Il s'agit des allocations prévues par les articles L 815-2 et L 815-3 du Code de la Sécurité sociale.

(2) Toutefois, l'exonération est également accordée en faveur des personnes âgées de plus de 60 ans ainsi que des veufs et des veuves qui vivent avec un enfant majeur inscrit comme demandeur d'emploi et ne disposant pas de ressources supérieures au RMI.

(3) Cour d'appel administrative de Lyon, 6/04/1995 n° 94 954

30

Quelle est la fiscalité des placements ?

Actions (et sicav actions)

● Les dividendes sont soumis dès le premier franc à la CSG au taux de 3,4 %.

● Les dividendes bénéficient d'un avoir fiscal de 50 % après abattement de 8 000 F pour une personne seule et de 16 000 F pour un couple.

● Plus-values imposables au taux de 20,9 % (incluant la CRDS et la CSG) au-delà de 100 000 F de cessions.

Assurance vie :

● Exonération des revenus et des plus-values après huit ans de détention après prélèvement chaque année de la CRDS et de la CSG au taux global de 3,9 % (pour les multisupports, CRDS et CSG sont prélevés au dénouement du contrat).

● En cas de retrait anticipé avant la quatrième année, assujetissement à l'impôt sur le revenu ou prélèvement forfaitaire de 37 % pour les contrats en francs (ou 40,9 % s'il s'agit d'un multisupport).

● En cas de retrait anticipé entre la quatrième et la huitième année, assujetissement à l'impôt sur le revenu ou prélèvement forfaitaire de 17 % pour les contrats en francs (ou 20,9 % s'il s'agit d'un multisupport).

● Réduction d'impôt limitée à 25 % de 4 000 F + 1 000 F par enfant à charge sur la prime d'épargne des contrats à primes périodiques souscrits ou prorogés avant le 20.09.1995.

● Les capitaux en cas de décès sont exonérés de droits de succession, sauf pour les primes versées après le 70ème anniversaire de l'assuré, au-delà de 200 000 F.

Bons du Trésor et bons de caisse

● Les intérêts sont soumis à l'impôt sur le revenu après prélèvement de la CRDS et de la CSG au taux de 3,9 % ou au prélèvement libératoire au taux de 20,9 %. Ou bien encore au prélèvement libératoire de 55,9 % en cas d'anonymat.

Codévi

● Exonération des intérêts. Ces derniers ne sont soumis ni à la CRDS ni à la CSG.

Epargne-logement

● Les intérêts ainsi que la prime d'épargne sont exonérés de l'impôt sur le revenu mais soumis à la CRDS et à la CSG au taux de 3,9 %.

Livrets A et Bleu

● Exonération des intérêts. Ces derniers ne sont soumis ni à la CRDS ni à la CSG.

Livret d'Epargne populaire

● Exonération des intérêts. Ces derniers ne sont soumis ni à la CRDS ni à la CSG.

Livret Jeune

● Exonération des intérêts. Ces derniers ne sont soumis ni à la CRDS ni à la CSG.

Obligations

● Les revenus sont soumis à l'impôt sur le revenu et soumis à la CSG et à la CRDS au taux de 20,9 %.

● Plus-values imposables au taux de 20,9 % (incluant la CRDS et la CSG) au-delà de 100 000 F de cessions.

Or

● Taxe forfaitaire de 7,5 % sur les plus-values + CRDS au taux de 0,5 %

Plan d'épargne en actions

● Exonération au-delà de 5 ans de durée, mais CRDS de 0,5 % + CSG de 3,4 % sur les gains, à la sortie.

Plan d'épargne populaire

● Exonération au-delà de 8 ans de durée, mais CRDS de 0,5 % + CSG de 3,4 % sur les rendements acquis et non encore perçus.

Sicav monétaires et obligataires de capitalisation (ou FCP)

● Imposition des plus-values au taux de 20,9 %, dès le premier franc.

Sofica

● Déduction de l'investissement dans la limite de 25 % du revenu sans que la déduction puisse excéder 120 000 F.

SOMMAIRE

JURIDIQUE

FINANCE

ASSURANCE VIE

IMMOBILIER

FISCALITÉ

Imprimerie CHIRAT – 42540 Saint-Just-la-Pendue
Dépôt légal Avril 1997 – N° 3665